COMMENT TROUVER LE LEADER EN VOUS

GW00660444

Paru dans Le Livre de Poche :

COMMENT PARLER EN PUBLIC

COMMENT SE FAIRE DES AMIS

DALE CARNEGIE
et associés

Comment trouver
le leader en vous

TRADUCTION PAR DIDIER WEYNE

HACHETTE

Auprès de Dale Carnegie Training®

LE PETIT LIVRE D'OR
RETENEZ LES NOMS
OPTIMISEZ VOS RÉUNIONS
PARLEZ EN PUBLIC AISÉMENT
SÉDUISEZ VOS AUDITEURS
VIVEZ AVEC ENTHOUSIASME

Ce titre est paru sous le titre original :
The Leader in You
© Dale Carnegie & Associates, Inc. 1993
© HACHETTE LIVRE : Littérature Générale
(Livres Pratiques), 1994.
© Librairie Générale Française, 1995.
ISBN : 978-2-253-08147-0 – 1ʳᵉ publication LGF

INTRODUCTION

LA RÉVOLUTION DES RELATIONS HUMAINES

Gardez l'esprit constamment ouvert au changement.
Souhaitez-le. Faites-lui la cour. Ce n'est qu'en
examinant et en réexaminant vos opinions
et vos idées que vous progresserez.

DALE CARNEGIE

A l'approche du XXIe siècle, le monde subit d'énormes changements, un processus de grands tumultes et d'immenses potentiels. En l'espace de quelques années, nous avons été témoin de l'aube de la société post-industrielle, l'arrivée de l'ère de l'information, la course à l'informatisation, la naissance de la biotechnologie et, non des moindres changements, la révolution des relations humaines.

Depuis la fin de la guerre froide, les milieux d'affaires ont vécu dans une fièvre croissante. La concurrence est devenue plus globale, plus vive. La technologie galope. Les entreprises ne peuvent plus ignorer impunément les besoins et les souhaits de leurs clients. Les dirigeants ne peuvent plus lancer des ordres et s'attendre à ce qu'ils soient obéis sans arrière-pensées. Les relations personnelles ne peuvent plus être considérées comme allant de soi. Les entreprises ne peuvent plus se permettre de ne pas être obsédées par l'amélioration constante de la qualité. Il n'est plus possible de laisser tant de créativité humaine aussi scandaleusement négligée.

Pour survivre dans les années à venir, les organisations qui réussiront — dans les affaires, les administrations, les associations — devront subir un profond changement culturel. Leurs membres devront penser plus vite, travailler plus intelligemment, rêver plus grand et interagir de façon très différente. Et voici, dans tout cela, le plus important : ce changement culturel exige une race nouvelle de leaders, des leaders totalement différents des patrons pour lesquels la plupart d'entre nous avons travaillé, et que nous sommes peut-être devenus. L'entreprise ne peut plus être dirigée « au fouet » depuis un fauteuil.

Les leaders de demain auront une véritable vision et un sens des valeurs pour leur organisation. Ils devront communiquer et motiver beaucoup plus efficacement que par le passé. Ils devront garder l'esprit clair à travers des changements continuels. Et ces nouveaux leaders devront exploiter chaque pépite de talent et de créativité autour d'eux, de l'entrepôt au comité directeur.

Les racines de ce bouleversement se trouvent dans les décennies qui ont suivi la Seconde Guerre mondiale. A cette époque, les sociétés américaines semblaient prospérer quoi qu'elles fissent. Les économies de l'Europe et de l'Asie étaient ruinées et les pays en développement ne pesaient pas encore un grand poids économique. Les grandes compagnies américaines, avec une main-d'œuvre nombreuse et le soutien du gouvernement, fixaient les normes pour les autres. Elles n'étaient pas particulièrement bien gérées. Ce n'était pas indispensable. Avec leur pyramide de niveaux hiérarchiques, leurs descriptions de postes rigides et leur prétention de tout savoir, ces entreprises voguèrent, pléthoriques, heureuses et fort rentables.

Quels beaux cocons pour leurs salariés ! Un emploi dans une entreprise sérieuse était souvent gardé à vie, comme dans une administration, mais avec un salaire plus élevé.

Suppressions d'emplois ? Qui avait jamais entendu parler de cela parmi les gens portant costume ou tailleur ? Peut-être des ouvriers mais certainement pas les cadres. On parlait de « l'échelle du succès » : on prévoyait de progresser dans sa carrière, un échelon à la fois, ni plus lentement ni plus vite que les collègues du dessus ou du dessous. Rétrospectivement, nous voyons bien que c'était une époque de prospérité facile. Ces jours sont révolus.

Tandis que les Etats-Unis profitaient des fruits de l'après-guerre, les Japonais prévoyaient l'avenir. Leur économie était détruite, leurs infrastructures en ruine, entre autres handicaps. Ils avaient aussi la réputation de produire des marchandises bon marché, de piètre qualité, avec un service client de second ordre. Mais, après toutes les difficultés endurées, les Japonais étaient prêts à tirer les leçons. Ils recherchèrent et embauchèrent les meilleurs conseillers, parmi lesquels le Dr W. Edwards Deming, statisticien qui avait travaillé au contrôle qualité dans l'armée américaine pendant la guerre. Deming conseilla aux Japonais de ne pas copier les structures compliquées des grosses compagnies américaines. Avec d'autres, il recommanda l'établissement d'un nouveau style d'entreprise japonaise, consacrée à la motivation du personnel, à la recherche de la qualité et à la satisfaction du client. Il s'agissait de mobiliser tous les salariés autour de ces objectifs.

Cela prit du temps. Mais l'économie japonaise fut rebâtie. Le Japon devint le leader en innovations technologiques. La qualité des produits et des services augmenta considérablement. Dans ce nouvel esprit, les sociétés japonaises ne se contentèrent pas de rattraper leurs concurrents étrangers, elles firent mieux dans certaines industries importantes. Rapidement, leur approche fut connue dans le monde entier : chez les Allemands, les Scandinaves, en Extrême-Orient et sur les côtes du Pacifique. Les Etats-Unis furent parmi les derniers à comprendre. Ce retard leur a coûté cher. Imperceptiblement au début, leur régime de croisière s'essouffla. Dans les années 1960 et 1970, l'économie d'après-guerre était suffisamment prospère pour cacher quelques échecs occasionnels, mais les difficultés devinrent de plus en plus difficiles à cacher. Le prix du pétrole grimpa, l'inflation et les taux d'intérêt aussi. Et la concurrence ne venait pas seulement de pays revigorés comme le Japon et l'Allemagne. Une douzaine d'autres pays arrivaient à faire valoir des prouesses technologiques et des techniques compétitives. Bientôt, eux aussi entamaient largement les parts de marché de la General Motors, de Zenith, d'IBM, de Kodak et d'autres multinationales assoupies.

Au milieu des années 1980, l'ampleur du bouleversement devint difficile à contenir. Le marché immobilier dégringola. Les dettes des sociétés et le déficit américain grimpèrent. La Bourse commença à se comporter de façon bizarre. La récession lancinante au début des années 1990 montra, une fois pour toutes, à quel point le monde avait changé. Pour ceux qui subissaient ces événements, tout semblait arriver à vitesse éclair. Si les sociétés n'étaient pas en passe de fusion ou d'acquisition, elles étaient en restructuration ou en faillite. Licenciements, dégraissages. Le changement était brutal, rapide. Et cela ne concernait plus seulement les personnels de production. Désarçonnés, les spécialistes et les responsables devaient tout à coup faire face à un avenir plus étroit. Un changement si important et si rapide provoqua forcément nombre de répercussions sur la façon dont chacun voyait sa propre vie professionnelle. D'un bout à l'autre de l'économie s'enflèrent des vagues, jusque-là inconnues, d'insatisfaction et de peur.

Certains avaient mis toute leur foi dans la technologie, pensant que le monde pourrait simplement inventer un moyen de se sortir de la situation. La technologie a effectivement joué un grand rôle.

« Dans mon bureau new-yorkais, je peux utiliser exactement les mêmes données qu'utilise quelqu'un d'autre au Japon, exactement au même moment, déclare Thomas A. Saunders, principal associé de la Saunders Karp & Company, une banque d'affaires privée. Nous sommes en relation avec le même système de données, vingt-quatre heures sur vingt-quatre. Partout dans le monde, les utilisateurs sont reliés par un système de communication beaucoup plus sophistiqué que tout ce qui pouvait être imaginé. Les marchés des capitaux et des devises dépassent les contrôles gouvernementaux. Et je n'ai pas besoin d'un journal pour me dire quoi que ce soit concernant ces marchés. »

« Ce que vous voyez, ce sont les bienfaits de l'évolution du travail qui augmente le potentiel : tout peut être exécuté plus vite, dit le Dr Jonas Salk, grand chercheur en médecine. Plus de personnes collaborent à longue distance, donc plus de réalisations sont possibles beaucoup plus vite qu'auparavant. Plus nous disposons de ressources, plus nous progressons. »

« Vous rappelez-vous quand les premiers ordinateurs ont fait leur apparition ? » demande Malcolm S. Forbes Jr., éditeur en chef de la revue économique qui porte le nom de sa famille. Il s'agissait d'instruments redoutés. On craignait aussi que la télévision ne soit un outil de propagande. Mais, grâce à la technologie, il se produisit l'effet inverse. L'ordinateur s'est miniaturisé et décentralisé. Sa puissance a augmenté de façon considérable. « Le microprocesseur prolonge le cerveau humain comme les machines prolongeaient les muscles de l'homme au siècle précédent. Les logiciels d'aujourd'hui sont devenus les feuilles d'acier. Les fibres optiques et les écrans digitaux sont devenus les rails et les autoroutes, et donc l'information est devenue comme une matière première qui se transporte. Vous pouvez maintenant, nous dit Forbes, faire votre courrier et divers travaux sur un micro-ordinateur posé sur vos genoux, partout où vous allez. » Résultat ? Beaucoup plus de gens ont accès à des informations plus nombreuses. « Les hommes peuvent voir ce qui se passe dans le reste du monde. C'est une action très démocratique », conclut Forbes.

La chute du mur de Berlin, la désintégration du bloc soviétique, les soulèvements en Chine, les luttes pour la démocratie en Amérique latine et dans les Caraïbes, l'industrialisation constante du monde développé, tous ces changements montrent le chemin d'une nouvelle liberté industrielle et d'une nouvelle prise de conscience que le monde forme une communauté. Chacun de ces changements a été favorisé par un accès plus large à la communication technologique. Ainsi, voit-on des images frappantes circuler couramment à travers le monde. Des étudiants chinois brandissent des banderoles en anglais pour les caméras. Saddam Hussein et les chefs d'état-major américains ont suivi en temps réel la guerre du Golfe sur CNN.

La technologie seule ne suffit jamais dans les moments difficiles. Que les moyens de communication soient disponibles en permanence ne signifie pas que les gens aient appris à bien communiquer. Le plus souvent, ce n'est pas le cas. C'est là une ironie des temps modernes : plus la capacité technique à communiquer est grande, plus l'échec au quotidien est retentissant. A quoi servent tous ces renseignements si les hommes ne savent pas échanger ?

Récemment, la Graduate School of Business de Harvard effectua une recherche concernant ses élèves, ses anciens élèves et les recruteurs de ses diplômés. Etant donné le besoin pressant des qualités de communication dans la vie d'aujourd'hui, les résultats ne devraient pas vous surprendre. « Nous constatons un indice important de satisfaction dans les compétences techniques des diplômés », déclare John A. Quelch, professeur dans cette université. Ces jeunes peuvent brillamment jongler avec les chiffres, analyser les marchés et préparer des plans d'entreprise, mais pour les compétences humaines, Harvard doit augmenter ses efforts. « C'est là que les progrès semblent les plus nécessaires, observe Quelch. La communication orale et écrite, l'esprit d'équipe, et les qualités interpersonnelles. »

Or, c'est exactement ces compétences qui seront les plus déterminantes pour le succès de chacun d'entre eux. Par exemple, Dominique Mars, président de Mars & Co, recrute parmi les MBA de Harvard et les diplômés des meilleures écoles d'ingénieurs et de commerce dans différents pays, pour son florissant cabinet de conseil en stratégie d'entreprise. « Ce qui fait la différence parmi mes consultants, dit Dominique Mars, ce n'est pas tant leur capacité d'analyse, car c'est là un critère préalable ; en revanche, c'est vrai que les facultés d'écoute sont un facteur de différenciation. En *interne*, parce que nos consultants travaillent en équipes : sous la pression intense d'enjeux élevés et de délais serrés, l'efficacité exige une bonne écoute mutuelle, même si l'équipe est éclatée entre nos bureaux de Paris,

Londres, New York et San Francisco. En *externe*, nos consultants seniors travaillent avec les directions générales d'entreprises parmi les 200 premières au monde, et une partie importante de l'audit stratégique, avant d'analyser et de présenter les conclusions au comité de direction, consiste à questionner et écouter en profondeur. »

Bien sûr, la sophistication technologique sera encore importante dans la course que joue le monde, mais il s'agit là seulement du ticket d'entrée indispensable. Finalement, les gagnants et les perdants ne seront pas départagés par leur capacité informatique ou technique. Gagnantes seront les entreprises disposant de leaders, intelligents et créatifs, capables d'interagir, de communiquer et de motiver efficacement dans leur entreprise et à l'extérieur.

« Les bonnes relations humaines ont le pouvoir de changer les managers en leaders, dit John Rampey, directeur du développement chez Milliken & Company, l'important fabricant textile. Ils peuvent apprendre à changer : à guider plutôt qu'à diriger, à contribuer plutôt qu'à résister, à partager plutôt qu'à faire de la rétention, à prendre des risques plutôt qu'à rester passifs, à considérer le personnel non pas comme une ressource onéreuse, mais comme une richesse. Ils peuvent apprendre à changer la vie : du ressentiment au contentement, de l'apathie à l'engagement, de l'échec au succès. »

Personne n'a dit que ces compétences arrivent naturellement et ce n'est généralement pas le cas. « Ce n'est pas si facile de savoir comment établir des relations humaines de qualité, déclare Burt Manning, président de J. Walter Thompson, l'agence internationale de publicité. De rares personnes font cela d'instinct. Mais la plupart d'entre nous doivent apprendre. Ils doivent être formés. Cela demande au moins autant de formation et de finesse que pour être ingénieur dans l'automobile et dessiner un meilleur piston. Les entreprises capables de créer un ensemble humain qui agit selon l'idéal de cette entreprise battront les autres, souligne-t-il. Ce sont celles qui comprennent que le service et les relations humaines sont un facteur stratégique du succès. »

Dale Carnegie n'a pas vécu assez longtemps pour voir les jours de prospérité facile céder le pas à ces changements explosifs. Il n'a pas été témoin de cette révolution des relations humaines. Mais, bien avant que quiconque ait entendu parler de « vision d'entreprise », de « qualité totale », de « démarche qualité », ou d'« *empowerment* » (mise en confiance, responsabilisation positive, montée en puissance des ressources humaines), Carnegie recommandait déjà certains concepts fondamentaux de relations humaines qui sont au cœur de ces mouvements importants.

Carnegie arriva à New York en 1912. Venant du Missouri, cherchant à déterminer ce qu'il ferait de sa vie, ce jeune homme obtint un poste au YMCA de la 125e Rue pour enseigner la parole en public en cours du soir. « Au début, comme Carnegie l'écrivit plus tard, je me bornais à enseigner la parole en public. Mes stages permettaient de maîtriser ses idées face à un groupe et de s'exprimer avec plus de clarté, plus d'efficacité et plus d'aisance, aussi bien dans les réunions, les discussions que lors d'interventions en public. Mais au fil des saisons, j'ai constaté que mes stagiaires, engagés dans la vie professionnelle, avaient surtout besoin de bien s'entendre avec leur entourage et d'entretenir des relations humaines de qualité, encore plus qu'ils n'avaient besoin de techniques d'expression. »

Carnegie a donc élargi son enseignement pour y inclure des compétences fondamentales dans l'art des relations humaines. Sans texte ni manuel de stage au départ, il bâtit progressivement une liste de méthodes pratiques pour la vie de tous les jours, en les testant continuellement. « Efforcez-vous de voir les choses du point de vue de votre interlocuteur, disait-il à ses stagiaires. Complimentez honnêtement et sincèrement. Intéressez-vous réellement aux autres. » Il montra à ses participants comment s'entraîner et incorporer dans leur vie ces principes de relations humaines efficaces.

Au début, Carnegie notait simplement ces conseils sur des fiches. Bientôt celles-ci furent remplacées par une brochure qui laissa la place à une série de livrets, chacun plus complet que le précédent. Après quinze ans d'expérimentation constante, il rassembla tous ses principes de relations humaines pour les inclure dans un livre, *Comment se faire des amis,* publié en 1936 : un guide clair et pratique pour nous aider à trouver des comportements meilleurs et plus efficaces avec les autres. Le livre fut très demandé. Avec près de quarante millions d'exemplaires à travers le monde, *Comment se faire des amis* est l'un des ouvrages les plus vendus dans toute l'histoire de l'édition. Traduit dans plusieurs dizaines de langues, il se vend encore fort bien aujourd'hui.

Carnegie organisa une société, Dale Carnegie & Associés, pour diffuser ses formations de communication et de relations humaines dans le monde entier. Il intervenait régulièrement à la radio et à la télévision. Il forma d'autres formateurs pour animer selon ses méthodes. Il écrivit deux autres ouvrages : *Comment parler en public* et *Comment dominer le stress et les soucis,* qui sont également d'immenses succès de librairie. Même le décès de Dale Carnegie en 1955 n'arrêta pas le développement et la diffusion de ses méthodes. Aujourd'hui, les Entraînements Dale Carnegie® sont proposés dans plus de soixante-dix pays. Chaque semaine, trois mille nouveaux participants s'inscrivent. L'organisation Carnegie s'est élargie au point de réaliser des formations sur mesure pour plus de 400 entreprises parmi la fameuse liste « Fortune 500 » des premières entreprises mondiales.

A chaque nouvelle génération, les méthodes Carnegie démontrent une capacité étonnante à se redéfinir pour faire face aux besoins d'un monde en évolution. Communiquer efficacement avec les autres, les motiver pour qu'ils agissent, découvrir le leader en chacun de nous, tels étaient les principaux objectifs proposés par Dale Carnegie. Dans un monde qui bouge beaucoup aujourd'hui, il est temps de faire à nouveau le point sur ces sujets essentiels.

Dans les pages qui suivent, les principes de relations humaines de Dale Carnegie sont appliqués aux défis particuliers à relever maintenant. Ces principes sont simples et faciles à comprendre. Ils n'exigent pas d'études spéciales ni de capacités particulières. Ce qu'ils demandent, c'est un désir réel d'apprendre et une application véritable.

Etes-vous prêt à remettre en question certaines des vues de ce monde acceptées depuis longtemps ? Etes-vous prêt à gérer vos relations avec plus d'aisance et de succès ? Aimeriez-vous augmenter la valeur de votre capital le plus précieux, vos relations avec les personnes de votre vie personnelle et professionnelle ? Etes-vous prêt à trouver et à déployer le leader qui est en vous ?

Si oui, lisez ce qui suit. Il est très possible que cela change votre vie.

CHAPITRE 1

TROUVEZ LE LEADER EN VOUS

*Charles Schwab percevait un salaire d'un million
de dollars par an dans l'industrie sidérurgique.
Il m'a déclaré être si bien payé pour sa capacité à
motiver les autres. Rendez-vous compte ! Un million
de dollars parce qu'il était capable de motiver les
autres. Un jour, au milieu de la journée, Schwab
visitait une de ses aciéries lorsqu'il rencontra un
groupe d'hommes en train de fumer juste
au-dessous d'un panneau indiquant « Défense de fumer ».
Pensez-vous qu'il leur montra l'écriteau en disant :
« Vous ne savez donc pas lire ? » Pas du tout.
Car il était passé maître en relations humaines.
M. Schwab discuta avec eux de façon amicale,
sans jamais dire un mot concernant l'écriteau interdisant
de fumer. Finalement, il leur distribua quelques cigares
et leur dit, l'œil amusé : « Vous me feriez plaisir en allant
fumer ces cigares dehors. » C'est tout ce qu'il dit.
Ces hommes savaient que Charles Schwab avait constaté
l'infraction. Ils l'apprécièrent parce qu'il ne les avait pas
rabaissés. Il s'était montré tellement joueur vis-à-vis
d'eux qu'ils voulaient l'être à leur tour.*

DALE CARNEGIE

Fred Wilpon est le président de l'équipe de base-
ball *New York Mets*. Un jour, il emmena un groupe

de garçons visiter le stade. Il les fit prendre place derrière le « marbre », ou carré de défense. Il les promena sur les bancs de touche. Il les fit passer par le couloir réservé menant aux locaux du club. Et finalement, il voulait les faire entrer dans le périmètre où les lanceurs s'échauffent. Mais à la grille, le groupe fut arrêté par un gardien en uniforme. « Ce secteur n'est pas ouvert au public ! déclara l'agent de sécurité à Wilpon, ne sachant évidemment pas à qui il parlait. Désolé, mais vous ne pouvez pas aller là. »

Certes, Fred Wilpon avait l'autorité nécessaire pour passer. Il aurait pu ridiculiser le pauvre gardien qui n'avait pas reconnu qu'il était le maître des lieux. Il aurait pu brandir théâtralement son autorisation officielle ou faire montre de son importance aux enfants émerveillés. Mais il ne fit rien de tout cela. Avec les élèves, il fit tout le tour du stade jusqu'au lieu d'entraînement. Pourquoi prit-il cette peine ? Wilpon ne voulait pas humilier le gardien. L'homme, après tout, faisait son travail et le faisait bien. Plus tard dans la journée, Wilpon lui envoya même un mot pour le remercier de ses bons services.

Si Wilpon avait préféré hausser le ton ou faire un esclandre, le gardien aurait probablement été vexé et son travail s'en serait ressenti. L'approche aimable était beaucoup plus sensée. Le gardien apprécia le compliment. Et il y a de fortes chances pour qu'il reconnaisse le président lors de leur prochaine rencontre. Fred Wilpon est un leader, non par son titre prestigieux ou son statut social, mais par la façon dont il a appris à gérer ses relations.

Récemment encore, les responsables, cadres et dirigeants, ne pensaient pas tellement à la véritable signification du leadership. Le chef était le chef et c'est lui qui commandait. Point final. Les sociétés bien gérées — personne ne parlait alors de « sociétés bien menées » — fonctionnaient selon un style quasi militaire. Les ordres venaient d'en haut et descendaient jusqu'aux exécutants. Les responsables étaient installés dans leur bureau et géraient ce qu'ils pouvaient. C'est ce qu'on attendait d'eux : *gérer*. Ils infléchissaient parfois leur organisation de quelques degrés vers la gauche ou la droite, mais se bornaient le plus souvent à traiter les problèmes du jour et estimaient ainsi avoir bien fait leur travail. Dans un monde plus simple, dans un environnement prévisible, ce management, rarement visionnaire, était suffisant.

Aujourd'hui, ce simple « management » ne suffit plus. Le monde est trop imprévisible, trop volatil, trop changeant pour cette approche peu inspirée. Maintenant, ce qui s'avère nécessaire est bien plus profond que le management traditionnel. Ce dont nous avons besoin, c'est de *leadership : aider chacun à réussir ce qu'il est capable de faire, établir une vision pour l'avenir, encourager, guider, établir et entretenir des relations réussies.*

« Au temps où les entreprises fonctionnaient dans un contexte plus stable, les qualités de manager étaient suffisantes, déclare John Quelch, professeur à Harvard. Mais quand le contexte des affaires devient capricieux, quand les courants sont imprévus, quand votre mission exige une souplesse plus grande que vous n'aviez jamais imaginée, c'est là que les talents de leader sont déterminants. »

« Ce changement est déjà en train de se produire et toutes les entreprises n'y sont pas prêtes, déclare Bill Makahilahila, vice-président des relations humaines chez SGS-Thomson Microelectronics, le grand fabricant franco-italien de semi-conducteurs. Le poste de *manager* pourrait bien ne plus exister longtemps et le concept de *leader* est à redéfinir. Les entreprises connaissent cette bataille. Elles constatent, avec la réduction d'effectifs et la recherche de productivité, que les compétences des *facilitateurs* deviennent primordiales. Les qualités de contact, les compétences interpersonnelles, la capacité à guider, à entraîner, à donner l'exemple, à bâtir des équipes, tout cela nécessite plus de leaders et de meilleurs leaders. Vous ne pouvez plus réussir à coup de directives. Vous devez le faire par influence. Cela demande de véritables *compétences humaines.* »

Nombreux sont ceux qui ont encore une compréhension étroite de ce qu'est réellement le leadership. Vous dites « leader » et ils pensent *général, président, ministre, directeur, responsable syndical...* Evidemment, les personnes dans ces situations devraient faire preuve de qualités de leader, ce qu'elles font plus ou moins bien. En réalité, le leadership ne commence et ne finit pas là. Le leadership est tout aussi vital, peut-être encore plus, là où la plupart d'entre nous vivons et travaillons. Organiser une petite équipe de travail, dynamiser les membres d'un bureau, créer un environnement heureux chez soi, tout cela demande des qualités de leader.

Le leadership n'a jamais été facile. Mais il est heureusement vrai aussi que, chaque jour, chacun d'entre nous est un leader potentiel.

Le coordinateur d'une équipe, l'agent de maîtrise, le cadre, l'ingénieur, le comptable, le chargé du service clients, la personne qui s'occupe du courrier..., pratiquement toute personne en contact avec d'autres a de bonnes raisons d'apprendre à être un leader. Dans une forte proportion, son aptitude au leadership déterminera son succès et son épanouissement. Et pas simplement au travail. Les familles, les équipes sportives, les associations, clubs, mouvements caritatifs, etc., toutes ces organisations ont grand besoin de leaders dynamiques.

A vingt et un et vingt-six ans, Steven Jobs et Steven Wozniak, jeunes Californiens en blue-jeans, n'étaient pas riches, n'avaient aucune formation commerciale et voulaient lancer une toute nouvelle industrie. C'était en 1976, avant que la plupart des gens aient jamais pensé acheter un ordinateur personnel. L'ordinateur chez soi n'intéressait que quelques mordus ou surdoués. Lorsque Jobs et Wozniak rassemblèrent treize cents dollars en vendant une camionnette et deux calculatrices pour démarrer Apple Computer dans un garage, la probabilité d'un succès retentissant paraissait donc fort lointaine. Mais les deux entrepreneurs avaient une vision, une idée claire de ce qu'ils croyaient pouvoir accomplir. « Les ordinateurs ne sont plus seulement pour les génies, annoncèrent-ils. Ils seront les bicyclettes de l'esprit. Des ordinateurs à bas prix seront à la portée de tout le monde. »

Depuis le premier jour, les fondateurs d'Apple gardèrent leur vision intacte et la communiquèrent à chaque occasion. Ils embauchèrent des personnes qui comprirent cette vision et, avec eux, en partagèrent les fruits. Ils vivaient et respiraient cette vision. Ils en parlaient constamment. Même quand la société s'embourba, quand les distributeurs refusèrent de coopérer, quand les fabricants dirent non et quand les banquiers bloquèrent les crédits, les visionnaires d'Apple ne reculèrent jamais. Et la roue tourna : six années après sa fondation, cette société vendait six cent cinquante mille ordinateurs personnels par an. Wozniak et Jobs étaient des leaders dynamiques, des années en avance sur leur temps.

Néanmoins, il n'y a pas que les nouvelles entreprises qui aient besoin d'un leadership visionnaire. Au début des années 1980, la compagnie Corning était dans l'impasse. La marque Corning était bien connue dans le domaine des ustensiles culinaires, mais sa réputation était en chute. Les techniques de fabrication de la société étaient démodées. Ses parts de marché diminuaient. Par milliers, les clients s'adressaient à des maisons étrangères. Et la direction, rigide, semblait n'y rien comprendre.

C'est alors que le président James R. Houghton

décida que Corning avait besoin d'une vision toute nouvelle. Il en proposa une. Il raconte : « Un consultant extérieur travaillait avec ma nouvelle équipe et moi. C'était vraiment un *faciliteur,* un type épatant qui insistait constamment sur la démarche qualité que nous devrions entreprendre. Nous étions dans une de ces tristes réunions, où chacun se sentait très déprimé. Je me suis levé et j'ai annoncé que nous allions dépenser environ dix millions de dollars que nous ne possédions pas. Nous allions établir notre propre institut de la qualité, nous allions nous y mettre d'arrache-pied. Bien des raisons m'ont poussé à franchir le pas. Mais je dois l'admettre, je sentais instinctivement que j'avais raison. Je ne me rendais pourtant pas compte des implications ni de l'importance que cela prendrait. »

Houghton savait que Corning devait améliorer la qualité de ses fabrications et accélérer ses livraisons. Le président prit ses risques. Il demanda conseil aux meilleurs experts du monde, ses propres salariés. Pas seulement le directeur et les ingénieurs, mais aussi les ouvriers. Il en constitua un groupe représentatif et leur dit de reconcevoir totalement le processus de fabrication de Corning, si cela était nécessaire au succès de l'entreprise. Après six mois de travail, l'équipe décida que la réponse était d'organiser différemment certaines usines pour réduire les défauts de la ligne de fabrication et pouvoir ajuster les machines plus rapidement. L'équipe réorganisa également le système de stockage pour un roulement plus rapide. Les résultats furent étonnants. Avant le lancement des changements, les irrégularités dans un processus de revêtement par fibre optique affectaient jusqu'à huit cents articles par million. Quatre ans plus tard, le chiffre tomba à zéro. Encore deux années, et le temps de livraison se comptait non plus en semaines mais en jours. En quatre ans, les bénéfices de Corning avaient doublé. La vision de Houghton avait littéralement inversé le destin de l'entreprise.

Les économistes Warren Bennis et Burt Nanus ont étudié des centaines d'organisations, grandes et petites, qui réussissent en se concentrant sur la façon dont elles étaient menées. « Un leader, écrivent-ils, doit d'abord concevoir une image mentale d'un avenir possible et désirable de son organisation. Cette image, que nous appelons une *vision*, peut être aussi floue qu'un rêve ou aussi précise qu'un but ou un projet d'entreprise. Le point clé, c'est qu'une vision exprime la perspective attrayante d'un avenir réaliste et crédible pour l'entreprise, un avenir meilleur à plus d'un titre que la situation existante. »

Un leader demande : Quel est le but de cette équipe ? A quoi sert ce secteur ? A qui cherchons-nous à rendre service ? Comment pouvons-nous améliorer la qualité de notre travail ? Les réponses particulières seront aussi différentes que les personnes concernées, aussi différentes que les leaders eux-mêmes. Le plus important, c'est de poser ces questions. Il n'existe pas une seule bonne façon d'être un leader, chacun a sa personnalité. Bruyant ou calme, gai ou sévère, dur ou accommodant, extraverti ou réservé. Les leaders sont des deux sexes, de tous les âges, races et groupes possibles. Ne choisissez pas le leader le plus accompli que vous puissiez trouver pour tenter de lui ressembler. Cette stratégie est vouée à l'échec. Vous avez peu de chances d'aller au-delà d'une pâle imitation. Les techniques de leadership qui vous rendront le meilleur service sont celles que vous cultivez à l'intérieur de vous-même.

Le compositeur Fred Ebb a reçu la célèbre récompense *Tony Award* pour ses comédies musicales à Broadway, telles que *Cabaret*, *Kiss of the Spider Woman*, *Chicago* et *Zorba*. Fréquemment, de jeunes compositeurs viennent voir Ebb pour lui demander conseil. « Je leur dis toujours de suivre la recommandation qu'Irving Berlin donna à George Gershwin. »

Quand ils se sont rencontrés pour la première fois, Berlin était déjà célèbre, mais Gershwin était un jeune compositeur travaillant dur pour trente-cinq dollars par semaine dans Tin Pan Alley. Impressionné par le talent de Gershwin, Berlin lui offrit un poste de secrétaire musical, avec un salaire trois fois plus élevé. « Mais n'acceptez pas cet emploi, lui dit Berlin. Si vous le faites, vous risquez de devenir un Berlin de second ordre, tandis que si vous persistez à rester vous-même, un jour vous deviendrez un Gershwin de première valeur. » Gershwin persévéra seul, bien sûr, et enrichit sensiblement la musique populaire américaine.

« N'imitez pas les autres, dit Ebb à ses protégés. Soyez vous-même. » Cela demande souvent de trouver qui vous êtes réellement et de bâtir consciemment sur cette connaissance. C'est tellement important que cela mérite quelques instants de réflexion sérieuse. Posez-vous la question clairement : quelles sont celles de mes qualités qui peuvent m'être utiles en tant que leader ?

Pour Robert L. Crandall, c'est la capacité à bien anticiper le changement. Elle lui a permis, en tant que président de AMR Corporation, de piloter American Airlines à travers une conjoncture turbulente pour les compagnies aériennes.

Pour la gymnaste Mary Lou Retton, médaille d'or aux jeux Olympiques, c'est l'enthousiasme. Il l'a propulsée depuis une petite ville de Virginie jusqu'à conquérir le cœur de millions de téléspectateurs.

Pour Hugh Downs, le présentateur vétéran de la chaîne ABC, c'est tout simplement l'humilité. Grâce à elle, il s'est taillé en gentleman une fabuleuse carrière dans le monde cruel des médias.

Quelles que soient vos propres qualités : une détermination à toute épreuve, un esprit clairvoyant, une force d'imagination, une attitude positive, un sens profond des valeurs... laissez-les s'épanouir en qualités de leader. Et rappelez-vous que les actes sont bien plus puissants que les paroles.

Arthur Ashe, vainqueur de nombreux tournois, était un champion international de tennis, mais aussi, en tant que père, un vrai leader. Il croyait au leadership par l'exemple. « Ma femme et moi parlons de la valeur de l'exemple au sujet de notre fille de six ans, déclarait Ashe dans une interview peu avant sa mort. Les enfants sont beaucoup plus impressionnés par ce qu'ils voient que par ce que vous leur dites. A cet âge-là, ils vous forcent à donner l'exemple. Si vous avez recommandé quelque chose et que tout à coup vous ne le faites pas, ils vous l'enverront en pleine figure. J'ai souvent dit à ma fille de ne pas mettre les coudes sur la table. Et quand je l'ai fait récemment, j'ai entendu "Papa, tes coudes !". Cela prouve qu'elle a écouté, compris et pris conscience. Il faut alors être assez adulte pour dire "tu as raison" et rectifier la position. C'est pour elle une façon plus forte d'apprendre. Enseigner demande des actions, plutôt que des mots. »

Le leader se fixe des normes et les respecte. Douglas A. Warner, président de la banque J.P. Morgan, par exemple, a toujours insisté sur ce qu'il appelle une « transparence totale ». « Lorsque vous venez me voir pour me faire une proposition, déclare Warner, pensez que tout ce que vous venez me dire paraîtra demain à la première page du *Wall Street Journal*. Serez-vous fier d'avoir mené cette transaction ou traité cette situation selon votre recommandation et d'en assumer la transparence totale ? Si la réponse est négative, arrêtons-nous et examinons le problème. » C'est là une vraie marque de leadership.

Un leadership *déterminé*, confiant, transforme une vision en réalité. Demandez à mère Teresa. Jeune religieuse catholique, elle enseignait dans une école de bon niveau social à Calcutta. Mais elle regardait constamment par la fenêtre et voyait les lépreux dans la rue. « Je voyais la peur dans leurs yeux, dit-elle. La peur qu'ils ne soient jamais aimés, la peur qu'ils ne soient jamais bien soignés. » Elle ne pouvait enlever cela de son esprit. Elle sentit qu'elle devait quitter la sécurité du couvent, aller dans les rues et établir des maisons pour les lépreux de l'Inde. Dans les années qui suivirent, mère Teresa et ses missionnaires de la Charité ont soigné cent quarante-neuf mille personnes atteintes de la lèpre en leur apportant des soins médicaux et un amour inconditionnel.

Un jour de décembre, après s'être adressée aux Nations unies, mère Teresa se rendit dans une prison de haute sécurité dans l'Etat de New York. Elle parla à quatre des internés atteints du sida. Elle sentit immédiatement qu'ils étaient les lépreux d'aujourd'hui. Regagnant la ville de New York le lundi avant Noël, elle alla immédiatement voir le maire, Edward Koch. Elle lui demanda de bien vouloir téléphoner au gouverneur Mario Cuomo. « Gouverneur, dit-elle, dès qu'on lui passa la ligne, je reviens de Sing Sing et quatre prisonniers ont le sida. J'aimerais ouvrir un centre pour les malades atteints du sida. Voulez-vous me confier ces quatre prisonniers ? J'aimerais qu'ils soient les premiers dans notre centre du sida.

— Eh bien, ma mère, dit Cuomo, nous avons quarante-trois cas de sida dans les prisons de cet Etat. Je vais vous confier les quarante-trois.

— Entendu, dit-elle. J'aimerais commencer simplement avec ces quatre. Maintenant, voici le bâtiment auquel je pense. Seriez-vous d'accord pour le payer ?

— D'accord », accepta Cuomo, bouleversé par l'énergie de cette femme.

Mère Teresa s'adressa ensuite au maire, M. Koch, et lui dit : « C'est aujourd'hui lundi, j'aimerais démarrer mercredi. Il nous faudra quelques permis. Pouvez-vous arranger cela ? »

Koch regarda simplement ce petit bout de femme debout dans son bureau et secoua la tête, avant de lui dire : « Tant que vous ne me faites pas laver les sols ! »

▶ **1** ◀

**Le premier pas décisif vers le succès :
identifiez vos qualités de leader.**

CHAPITRE 2

COMMENCEZ À COMMUNIQUER

Les enfants de Théodore Roosevelt l'adoraient,
ils avaient pour cela de bonnes raisons. Un jour,
un vieil ami vint raconter ses ennuis à Roosevelt. Son jeune
fils avait quitté la maison pour aller vivre avec sa tante.
Le garçon était sauvage. Il était ceci, il était cela.
Et le père déclarait que personne ne pouvait s'entendre
avec lui. Roosevelt lui dit : « C'est idiot. Je ne crois pas
qu'il y ait quoi que ce soit comme problème
en ce qui le concerne. Mais si un garçon énergique
n'est pas bien traité chez lui, il ira voir ailleurs. »
Plusieurs jours plus tard, Roosevelt rencontra le garçon et
lui dit : « Qu'est-ce que c'est que cette histoire
concernant ton départ de la maison ?
— Eh bien, mon colonel, répondit le garçon,
chaque fois que je vais voir mon père, il explose.
Il ne me laisse jamais une occasion de parler.
J'ai toujours tort. Je suis toujours à blâmer.
— Tu sais, fiston, lui dit Roosevelt, tu ne vas peut-être pas
croire cela maintenant, mais ton père est ton meilleur ami.
Tu comptes plus pour lui que tout le reste du monde.
— Peut-être bien, dit le garçon, mais j'aimerais bien
qu'il trouve d'autres moyens de me le montrer. »
Ensuite, Roosevelt envoya chercher le père et lui exprima
quelques vérités bien senties. Le père s'emporta exactement
comme le garçon l'avait expliqué. « Et voilà, dit Roosevelt,
si tu parles à ton fils comme tu viens de me parler,

ce n'est pas anormal qu'il soit parti. Je m'étonne seulement
qu'il ne l'ait pas fait plus tôt. Maintenant, va et apprends
à le connaître. Fais la moitié du chemin. »

DALE CARNEGIE

Rien n'est plus facile que de mal communiquer, dédaigner, contredire, réprimander, traiter les autres sur le mode : « Je suis le patron et vous n'avez qu'à travailler. » Il n'y pas si longtemps, ces façons de se comporter étaient largement acceptées dans les multinationales les plus connues. Le *droit d'aboyer* était considéré comme une prérogative naturelle des postes supérieurs, au même titre qu'une fenêtre dans le bureau et deux heures pour déjeuner. Malheureusement, les familles, les écoles et d'autres organisations suivaient le même chemin. Pendant des années, force de voix était considérée comme force de caractère. Obstination comme connaissance supérieure. Capacité à s'imposer comme honnêteté. Réjouissons-nous, responsables ou employés, parents ou enfants, enseignants ou élèves, que ces jours soient passés.

De plus en plus nombreux sont ceux qui commencent à comprendre à quel point il est important de bien communiquer dans les affaires et partout ailleurs. C'est la capacité relationnelle qui stimule les autres. C'est elle qui transforme de grandes idées en action. C'est elle qui rend tout possible.

Communiquer n'est pas terriblement compliqué, tout au moins pas en théorie. Après tout, nous le faisons tous chaque jour. Et depuis les premiers jours de notre enfance. Du moins nous pensons l'avoir fait. Mais la véritable communication, la communication efficace, est en fait assez rare dans le monde adulte. Il n'y a pas de recette miracle pour apprendre à bien communiquer, mais il est nécessaire de maîtriser assez facilement plusieurs concepts de base. Voici les premières étapes de la communication réussie. Suivez-les et vous serez sur le bon chemin :

1. Faites-vous une priorité absolue de communiquer.
2. Soyez ouvert et disponible aux autres.
3. Créez un environnement favorable aux échanges.

Même si vous êtes très occupé pendant votre journée de travail, *vous devez absolument prendre le temps de communiquer.* Les idées les plus brillantes au monde sont sans valeur si vous ne les partagez pas. La communication peut s'établir de différentes façons : en réunion, en entretien avec des collègues, en marchant dans le couloir ou à la cafétéria. Le plus important, c'est de ne pas cesser d'avoir des échanges.

Robert Crandall dispose d'une grande salle de réunion près de son bureau de président de l'AMR Corporation, maison mère d'American Airlines. Tous les lundis, il y passe le plus clair de sa journée à écouter des membres de tous les secteurs de la compagnie et à parler avec eux. « Hier matin, déclarait-il récemment, nous avions une réunion avec les principaux dirigeants et une dizaine de collaborateurs de trois ou quatre niveaux hiérarchiques pour réaliser une analyse complexe. Nous essayions de comprendre si oui ou non le système de satellites d'aéroports que nous avons construit est encore économiquement viable, étant donné les changements dans l'industrie aéronautique. Depuis sa conception, les perspectives mondiales ont radicalement changé. Elles ont eu un effet sur les flux de passagers. Egalement sur les tarifs. Actuellement, nous ne sommes pas certains que ce système reste viable. Le déterminer est très compliqué. Cela requiert quantité de données. Hier, nous avons passé trois heures et demie sur le sujet. Divers points de vue ont été exprimés et beaucoup d'échanges se sont déroulés dans une ambiance passionnée. Ensuite, chacun est parti avec quelques questions à creuser afin d'en rendre compte dans deux semaines. Puis nous réétudierons ces questions : "Ce que nous faisons est-il mauvais ? Que pouvons-nous faire différemment avec une bonne probabilité de succès ?" Voilà comment nous espérons finalement sortir de ce dilemme. »

Les bienfaits sont de deux ordres. Crandall reçoit les idées de personnes capables, qui elles-mêmes contribuent à créer une vision d'avenir pour l'entreprise. C'est fondamental pour le développement de relations de confiance.

La communication ne doit pas nécessairement avoir lieu dans des salles de réunion. Certains des meilleurs échanges dans l'entreprise se passent de façon informelle. Walter E. Green, président de Harrison Conference Services, utilise une technique de *duos* : « Malheureusement, déclare Green, nous avons des structures dans les entreprises, un président, des vice-présidents et quantité d'autres niveaux. Les duos sont un moyen de surmonter cela. Ce sont des conversations informelles, habituellement au déjeuner, là où je peux rencontrer individuellement chaque collaborateur avec lequel j'ai envie d'échanger quelques propos. C'est pour moi l'occasion de me tenir au courant de ce qui est important pour lui. Que pense-t-il de la société ? Quelle est son opinion concernant son poste ? Je cherche à mieux connaître et comprendre ce qui le concerne personnellement. J'aime me montrer plus humain à ces occasions et j'aime qu'on me pose des questions concernant la société. Tout cela est bien plus facile en duo. » Résultat de ces conversations, la vision de Green sur sa propre société s'élargit.

Douglas Warner, président de la très traditionnelle banque J.P. Morgan, y a instauré une méthode de communication directe. « Pratiquement, nous déambulons dans tous les bureaux à tous les étages, déclare Warner. Descendez et voyez d'autres personnes. Sortez de votre bureau, déplacez-vous plutôt que d'insister pour que l'on vienne vous voir. » Plusieurs fois par semaine, Warner ou l'un de ses premiers adjoints prennent le café avec trente ou quarante responsables de la banque. « Contact direct et informel », selon les termes de Warner. Même une institution comme la Morgan a découvert l'utilité de ces échanges simples. La même idée est appliquée aux directeurs. « Au nombre d'environ trois cents, les directeurs sont invités chaque jour à un déjeuner, ceux qui sont à New York et ceux qui viennent de l'étranger. De cette façon, il y a tous les jours un véritable forum ! »

David Luther, directeur de la qualité chez Corning, explique ce processus dans son entreprise : « J'utilise le terme dragage, c'est-à-dire le fait d'aller dans les entrailles de l'entreprise pour demander : Que se passe-t-il exactement ? De quoi se préoccupent les gens ? Que disent-ils ? Quelles sont leurs difficultés ? Que faire pour améliorer la situation ? »

Le besoin de relations humaines efficaces ne s'arrête pas à la porte du bureau. Il concerne la maison, l'école, l'université, même l'église ou le musée. A tout endroit où des personnes se rencontrent, la qualité des relations humaines est essentielle.

Il fut un temps où les chercheurs pouvaient passer une vie entière dans un laboratoire, cherchant seuls les vérités de l'ordre naturel. C'est fini. Aujourd'hui, même les savants doivent écouter et parler. « La plupart des chercheurs ne savent pas rendre compte efficacement de leur travail, dit le Dr Ronald M. Evans, éminent professeur à l'Institut

Salk d'études biologiques. Ils savent bien ce qu'ils font, et assez bien pourquoi ils le font. Mais ils ont des difficultés à mettre cela en perspective, à faire sortir les idées du laboratoire. C'est un handicap majeur. Pour obtenir des fonds, vous devez convaincre le public que vous faites quelque chose d'important. »

Quand Lee Iacocca commença à travailler chez Ford, il découvrit les mêmes limites chez de nombreux stylistes et cadres de l'industrie automobile : « J'ai connu beaucoup d'ingénieurs bourrés d'excellentes idées, mais qui avaient des difficultés à les transmettre. Il est toujours regrettable de voir un homme de talent qui ne sait pas faire passer ce qu'il a dans la tête au conseil d'administration ou à un comité. » Sans la maîtrise de cette capacité fondamentale à parler aux autres et à les écouter, les membres d'une société, d'une école ou d'une famille ne peuvent réussir durablement.

Les choses se bousculaient un peu chez les Levine. Les enfants grandissaient. Cela voulait dire rendez-vous entre jeunes, goûters d'anniversaires, sports collectifs, cours de gymnastique, scoutisme, instruction religieuse... Et pour Harriet, un temps fou à accompagner les enfants à droite et à gauche. Stuart aimait beaucoup son travail, mais les voyages l'éloignaient de sa famille plus qu'il n'aurait voulu. Harriet restait à la maison avec Jesse et Elizabeth, enfants très attachants, mais de plus en plus indépendants. « Jesse et Elizabeth regardaient beaucoup trop la télévision, se souvient Harriet, et ils étaient loin de lire suffisamment. Il nous restait peu de temps pour communiquer. »

Avant que les choses n'aillent trop mal, les Levine travaillèrent ensemble, un soir, à l'élaboration d'un plan. Ils décidèrent de former un conseil de famille. Chaque dimanche, après le dîner, ils se rassembleraient autour de la table de la cuisine et parleraient

simplement et calmement de ce qu'ils avaient en tête.
« L'idée était d'avoir une rencontre régulière pour
que la famille communique chaque semaine, quoi
qu'il arrive », explique Harriet.

Le conseil de famille commença à s'occuper des
problèmes, grands et petits. Les enfants lisent-ils
pendant une demi-heure avant de regarder la télévision ? Papa sera-t-il rentré en ville à temps pour le
match de football ? Est-ce que maman va continuer
à nous servir le même plat de poulet ? A la fin de la
réunion, les enfants recevaient leur argent de poche
pour la semaine. « Il était entendu que chacun parti-
ciperait sans risque de se faire gronder, à condition
de dire la vérité. »

La plus grosse erreur que les dirigeants ont l'habitude de commettre, mis à part l'idée que toute
sagesse viendrait d'eux-mêmes, c'est de ne pas comprendre que la communication doit absolument
jouer dans les deux sens : exposer vos idées aux
autres et écouter les leurs. C'est là l'étape numéro
deux : *Etre disponible aux autres, qu'ils soient supérieurs, subordonnés ou collègues.*

Il y a deux mille ans, l'auteur romain Publilius
Syrus reconnaissait cet aspect de la nature humaine.
Il écrivait : « Nous nous intéressons aux autres
quand ils s'intéressent à nous. » Si vous pouvez montrer à vos collègues que vous êtes réceptif à leurs
idées, ils seront d'autant plus enclins à se montrer
réceptifs aux vôtres, et à vous tenir informé de ce que
vous devez savoir. Montrez que vous vous préoccupez de l'avenir de l'entreprise et que vous vous préoccupez tout autant d'eux. Et ne limitez pas ces
marques d'intérêt à vos collègues. Communiquez
également le même sentiment de véritable intérêt à
vos clients et à vos contacts professionnels.

Chez Saunders Karp & Co, le banquier d'affaires
Thomas A. Saunders consacre son activité à la

recherche de sociétés en expansion, dans lesquelles investir les disponibilités de ses clients. C'est un expert dans l'art de détecter des sources de profit. Rien ne l'impressionne plus qu'une société qui sait réellement communiquer avec ses clients. Récemment, il a rendu visite à un grossiste en joaillerie à Lafayette en Louisiane. Il a passé une journée à visiter les installations. Mais il n'eut besoin que de cinq minutes dans la salle de télémarketing pour reconnaître une qualité de communication de premier ordre. « Ils s'occupaient de leurs clients de façon formidable au téléphone et la qualité du service était particulièrement élevée, déclare Saunders. Ils ne semblaient pas commettre d'erreurs. Cela se passait très vite : "Vous voulez ceci ?... Oui, nous l'avons en stock... Vous en voulez deux, parfait... Vous en voulez trois, très bien... Oui nous avons cela... Non, il faudra commander à nouveau... Puis-je vous suggérer une autre solution ?... Bien, si vous regardez à la page 600 de notre catalogue, vous verrez un sertissage... Merci beaucoup." Des réponses données en quinze secondes. Incroyable. » Les coups de fil étaient brefs et pratiquement tous les clients étaient enchantés. Qui n'aimerait investir dans une société comme celle-là ?

Il est facile de s'isoler progressivement des clients et des collègues, particulièrement pour ceux qui accèdent à des postes supérieurs, mais quelle que soit l'importance que vous prenez, votre communication doit continuer dans toutes les directions, en haut, en bas et autour des lignes hiérarchiques.

Ronald Reagan n'était pas qualifié de « grand communicateur » par hasard. Tout au long de sa carrière politique, il s'est efforcé d'écouter. Même lorsqu'il était président, Reagan continuait à lire le courrier des électeurs. Il demandait à ses secrétaires de la Maison-Blanche de lui donner une sélection de lettres chaque après-midi. Le soir, il prenait le temps d'adresser des réponses personnelles. Bill Clinton a utilisé les réunions municipales télévisées un peu de la même façon : pour rester informé des réactions de ses compatriotes et leur montrer qu'il en tenait compte. Même s'il n'a pas la solution à tous les problèmes posés, Clinton est là, présentant ses propres idées. Ce n'est pas nouveau. L'approche d'Abraham Lincoln, il y a un siècle, était similaire. A l'époque, tout citoyen pouvait adresser une pétition au président. Lincoln demandait parfois à un assistant d'y répondre, mais répondait souvent lui-même. Il fut même critiqué à ce propos. Pourquoi s'occuper de cela quand il faut faire la guerre et sauver l'unité du pays ? Parce que Lincoln savait que comprendre l'opinion publique était essentiel pour un président et il voulait l'entendre directement.

Richard L. Fenstermacher, directeur général du marketing chez Ford, y croit fortement. « Ma porte est toujours ouverte ! dit-il constamment à ses collaborateurs. Si en passant dans le hall vous me voyez là, entrez même si c'est simplement pour me dire bonjour. Si vous avez une idée à proposer, faites-le. Ne croyez pas devoir suivre la voie hiérarchique. »

Ce genre de communication facile n'arrive pas par hasard. C'est l'étape numéro trois : *Créez un environnement favorable aux échanges.* Il existe une donnée de base concernant la communication avec les autres : ils ne vont pas dire ce qu'ils pensent, ni écouter de façon réceptive ce que vous dites, si une véritable confiance et un intérêt partagé n'ont pas été établis. Vous ne pouvez pas vous permettre de ne pas être sincère. Ce que vous ressentez réellement dans un échange, que vous soyez réceptif ou non, se transmet de façon claire et limpide, quoi que vous disiez.

« Vous savez tout de suite si quelqu'un est disponible pour échanger avec vous ou s'il ne l'est pas, dit la championne olympique Mary Lou Retton. Quand vous avez ce sentiment, vous vous en rendez compte par sa communication non verbale et ses attitudes physiques. Vous savez quand quelqu'un reste dans son coin sans vouloir qu'on lui parle ! » Comment pouvez-vous éviter d'envoyer vous-même un tel message ? Soyez disponible, aimez les gens et montrez-le. Suivez le conseil de Mary Lou Retton : « Faire preuve de simplicité et d'humilité est extrêmement important. Je m'efforce de mettre les autres à l'aise. Nous sommes tous les mêmes, quel que soit notre niveau, directeur général ou simple employé. C'est simplement un travail différent. » Créer un environnement réceptif consiste simplement à mettre les autres à l'aise.

Il fut un temps où c'était plus facile. Jo Garagiola, journaliste de télévision et ancien champion de base-ball chez les *New York Yankees,* se rappelle à quel point les contacts étaient personnels entre les joueurs et leurs supporters : « Après le match, nous rentrions chez nous dans le métro avec les supporters qui revenaient des gradins. Fréquemment, l'un d'entre eux me demandait pourquoi j'avais frappé la balle de telle ou telle façon. Ces relations directes entre les joueurs et les supporters n'existent plus : ils lisent maintenant dans le journal si un contrat de six ou sept millions de dollars a été signé ou non. »

Alain Carrée, président de la société d'achats du groupe PSA, organise les choix des sous-traitants et fournisseurs de Peugeot et Citroën. Il estime que des marchés majeurs peuvent être décidés sur la base des relations de confiance qu'établissent certains fournisseurs. Le groupe PSA, leader de l'industrie privée française, acheté pour environ 100 milliards de francs français auprès de 880 fournisseurs, ce qui représente un million d'emplois. « Dans l'évaluation globale d'un fournisseur, dit Alain Carrée, j'accorde une grande importance à l'équipe de direction : elle peut changer mon évaluation fondée sur les chiffres.

Il arrive que je ne fasse pas confiance à la direction et que nous changions de fournisseur, et réciproquement que je fasse confiance à une équipe où, à mon avis, la compétence et les qualités humaines compensent une situation industrielle plutôt difficile. Ce que je vois dans les yeux des employés pendant les visites d'usines est alors un critère-clé : je peux y lire beaucoup quant à l'atmosphère et la qualité humaine de l'entreprise, je peux voir si le personnel est heureux d'y travailler ou s'il préférerait brûler le bureau du patron ! » C'est la qualité des communications interpersonnelles qui détermine le degré de confiance dans une société. Et même dans une entreprise très avancée dans le processus de certification-qualité des fournisseurs sur des critères « *hard* » ou techniques, certaines décisions importantes reposent sur des critères « *soft* » ou humains.

Ray Stata, président d'Analog Devices, fabricant de circuits intégrés performants, apprit l'importance de la relation personnelle par son ami Red Auerbach, longtemps président d'un grand club de Boston. Stata déclare : « Quand il voulait parler de leader-ship, il utilisait souvent la phrase : "J'aime mes équipes." Il considérait cela comme un véritable préalable au leadership. Et il fallait qu'elles le sachent. Si les membres de votre entourage perçoivent vraiment l'honnêteté de ce sentiment, ils croiront en votre intérêt sincère à leur égard et vous aurez alors créé des relations qui ont un sens véritable pour eux. » Alors, et alors seulement, le terrain sera convenablement préparé pour communiquer. Ne pensez pas y arriver sans un travail certain.

Il y a plusieurs années, David Luther de chez Corning essayait de convaincre un leader syndical de participer à une démarche qualité que l'entreprise cherchait à lancer. Luther expliqua en long et en large l'importance de ce processus, d'une façon qu'il croyait très convaincante. Le programme allait amé-

liorer la vie de la direction et des salariés, promet-
tait Luther au syndicaliste qui, à l'évidence, n'acceptait rien de ce qu'on lui disait. Luther raconte : « Il
se leva et déclara : "Arrêtez, c'est de la foutaise ! C'est
un truc meilleur que les autres, mais c'est quand
même un truc. Tout ce que vous essayez de faire,
c'est d'obtenir plus des travailleurs." » Ils conti-
nuèrent cependant les pourparlers. « Il s'adoucit un
peu, dit Luther, mais je ne l'ai pas convaincu et j'en
suis venu à la conclusion que je ne pourrai jamais le
convaincre de ma bonne foi par des paroles. Je
devais démontrer qu'elle était justifiée. Je lui dis
donc : "Je reviendrai l'année prochaine avec ce
même projet et l'année suivante et l'année d'après s'il
le faut. Je reviendrai constamment avec cette idée." »
Et Luther tint parole.

Il fallut plusieurs années avant que son message
fût accepté, mais d'abord Luther devait montrer
qu'on pouvait lui faire confiance sur des points
moins importants. Il devait faire comprendre aux
membres du personnel qu'il écoutait également leurs
préoccupations. Finalement, Luther eut la patience
de laisser le message prendre corps et les syndica-
listes de Corning devinrent de véritables partenaires
dans le programme de qualité totale.

Une dernière chose à retenir : *Lorsque quelqu'un
prend le risque de dire ce qu'il pense, ne le punissez pas
pour sa franchise. Ne faites absolument rien qui
puisse le décourager de s'aventurer à intervenir à nouveau auprès de vous.*

« Si un de mes employés fait une suggestion avec
laquelle je ne suis pas d'accord, je dois faire très
attention à ma façon de le lui dire, déclare Fred J.
Sievert, responsable financier de la New York Life
Insurance Company. Je veux l'encourager à revenir
me voir la fois suivante pour me faire une autre suggestion. J'ai dit aux membres de mon équipe que je
peux ne pas être d'accord avec eux quatre-vingt-dix-

neuf fois sur cent, mais que je veux qu'ils reviennent avec leurs nouvelles idées. Ils sont d'ailleurs payés pour cela. Une fois sur cent, l'idée sera utile et je ne les estimerai pas moins parce que je ne suis pas d'accord avec eux les autres fois. » Une fois sur cent, c'est maigre, mais des fortunes ont été bâties sur des probabilités moindres. C'est pourquoi écouter et échanger s'avèrent si importants.

En réalité, la communication est à la fois une compétence et un art. C'est un processus qui mérite réflexion et entraînement, plus qu'on ne le fait d'habitude. Cela nécessite parfois de vous exposer vous-même en exposant vos idées. Partagez avec les autres et demandez-leur de partager avec vous. Ce n'est pas toujours facile. Cela demande du travail et du temps. Ces techniques doivent être acquises et pratiquées constamment. Mais gardez courage. C'est en forgeant qu'on devient forgeron. La bonne pratique mène à la maîtrise.

Kuo Chi-Zu, procureur général à Taipei, est un orateur renommé à Taiwan. Mais il n'a pas toujours été aussi à l'aise devant un groupe. Au début de sa carrière, Chi-Zu était souvent invité à s'adresser à des organisations locales, Rotary Club, Lions'Club... Il disait toujours non. Il craignait tellement de parler en public — *c'est le cas de tant de personnes* — qu'il refusait toutes ces invitations. « Même quand j'assistais tout simplement à une réunion, se rappelle-t-il, je choisissais un siège au fond de la salle et je n'ouvrais pratiquement jamais le bec. » Il savait que cette crainte ralentissait la progression de sa carrière, sans parler de cette anxiété qui le réveillait parfois la nuit. Il sentait qu'il devait faire quelque chose pour maîtriser ce problème de communication.

Un jour, Chi-Zu fut invité à parler à son ancien collège. Il sentit que c'était pour lui une grande occasion. Depuis des années, il s'était efforcé de garder de bonnes relations avec le collège, les étudiants et les anciens. S'il pouvait faire confiance à un auditoire, à un groupe qui serait réceptif à ses propos, c'était bien celui-là. Il accepta donc de parler et s'entraîna aussi bien que possible. Il choisit un sujet sur lequel il avait de grandes connaissances et de forts sentiments : sa responsabilité de procureur. Il bâtit son intervention à partir d'exemples vécus. Il ne rédigea pas de phrases et n'apprit rien par cœur. Il alla simplement devant ses auditeurs et parla comme s'il s'adressait à une assemblée d'amis, ce qui était le cas.

Son intervention eut beaucoup de succès. Du podium, il pouvait voir les yeux des auditeurs rivés sur lui. Il entendait les rires en réponse à ses plaisanteries. Il ressentait leur écho et leur soutien. Et quand il eut terminé, les étudiants se levèrent spontanément pour l'applaudir et lui faire une ovation chaleureuse.

Ce jour-là, Chi-Zu tira quelques leçons précieuses : d'abord, apprendre à mieux communiquer nécessite de pouvoir s'ouvrir dans un environnement de confiance ; ensuite, la capacité à bien communiquer produit des conséquences favorables très importantes. En effet, Chi-Zu ne s'arrêta pas là : il devint très demandé comme conférencier et fut rapidement propulsé au poste de procureur général. Il apprenait finalement à communiquer.

► **2** ◄

La communication se construit sur des relations de confiance.

CHAPITRE 3

MOTIVEZ LES AUTRES

Tout jeune, Andrew Carnegie découvrit l'importance étonnante que chacun porte à son nom. A l'âge de dix ans, il avait un lapin et une lapine. Un matin, il découvrit une série impressionnante de lapereaux. Et il n'avait rien pour les nourrir. Que fit-il ? Eh bien, il eut une idée brillante. Il proposa à une douzaine de ses petits camarades le marché suivant : s'ils voulaient bien chaque jour cueillir les trèfles et les pissenlits nécessaires à ses lapins, il donnerait à chaque animal le nom de ce camarade. Le résultat fut magique et voici l'intérêt de cette histoire. Andrew Carnegie n'oublia jamais cet incident. De nombreuses années plus tard, il gagna des millions de dollars en utilisant la même idée dans les affaires. Il voulait avoir pour client la Compagnie des chemins de fer de Pennsylvanie, dont le président était J. Edgar Thomson. Andrew Carnegie, se rappelant la leçon des lapins, fit construire à Pittsburgh une vaste usine de métallurgie qu'il baptisa « Ateliers métallurgiques J. Edgar Thomson ». Maintenant, je vous pose la question : quand la Compagnie des chemins de fer de Pennsylvanie avait besoin de rails, à qui son président s'adressait-il ?

DALE CARNEGIE

Paul Fireman avait besoin d'une force de vente particulièrement motivée. Président de Reebok

International, il lança un immense défi. En deux ans, promit Fireman, Reebok dépassera Nike en part de marché.

Fireman n'utilisa ni faveurs, ni menaces, ni flatteries vis-à-vis de ses commerciaux. Il sut les motiver. Il montra à son personnel qu'il était prêt à prendre des risques, en les encourageant à faire de même. Il bâtit un programme novateur d'améliorations produit avec un budget généreux. Il s'engagea à dépenser vraiment tout ce qui était nécessaire pour que les sportifs les plus médiatiques fissent la promotion de Reebok. Fireman parlait et vivait une nouvelle vision de Reebok, vingt-quatre heures par jour.

« Vous devez obtenir l'adhésion, explique-t-il maintenant. Cela ne peut pas s'imposer. Je ne pense pas que l'on puisse dire à des collaborateurs : "Allez-y, foncez, en avant !" Ce que vous devez faire, c'est prendre le temps d'inclure les autres dans vos pensées, votre vision, votre rêve, votre fantaisie, tout ce que vous faites. Faites-les adhérer. Cela demande du temps, des efforts et un soutien continuel. Mais n'imposez pas, motivez ! Si vous motivez vraiment une personne, vous obtenez une métamorphose. Vous changez l'attitude de quelqu'un qui devient capable de motiver dix autres personnes. Elles peuvent alors faire adhérer cent personnes. Beaucoup croyaient que mon objectif était extravagant. Mais après le deuxième, troisième, cinquième, dixième, vingtième et trentième jour, ils constatèrent que ce n'était pas simplement une déclaration, mais une façon de vivre. C'est comme dans les vieux films de cow-boys où le héros va livrer sa dernière bataille contre le bandit et délivrer l'héroïne, explique Fireman. Le héros avance sur son cheval blanc, avec quelqu'un à côté de lui, puis un autre arrive de la droite. Dix autres de la gauche. Et la chevauchée continue avec, au bout de trente secondes, sept cents cavaliers s'avançant dans un tourbillon de poussière jusqu'à la scène finale. Vous n'avez pas le temps d'appeler chacun et de dire : "Allez-vous me rejoindre au bord de la rivière ?" Vous leur donnez envie de venir. Vous avancez. Vous foncez. Et vous entraînez tout le monde avec vous. La musique s'amplifie. Peu importe que vous ayez besoin de sept cents ou neuf cents personnes, ce qui compte c'est que vous avanciez. Et elles veulent se joindre à vous. Il faut qu'elles aient envie d'avancer avec vous. »

C'est le travail d'un leader de susciter de tels sentiments. « Nous sommes solidaires dans cette affaire. Nous formons une véritable équipe. Ce que nous faisons a de la valeur. Nous sommes les meilleurs. » Voilà le terreau qui fait grandir la motivation.

Evidemment, chacun veut un salaire, une augmentation à la fin de l'année, et tous les avantages possibles. Mais la véritable motivation ne viendra jamais des seuls avantages financiers ni, d'ailleurs, de la crainte de perdre son emploi. Ceux qui agissent seulement pour l'argent, et non parce qu'ils aiment leur travail avec le désir de bien faire, feront seulement le minimum nécessaire. La crainte est une motivation tout aussi faible. Les entreprises qui fonctionnent sur cette base auront des collaborateurs aigris, qui cherchent à en faire le moins possible.

« Le seul moyen au monde d'amener quelqu'un à accomplir quelque chose, écrivait Date Carnegie, c'est de susciter en lui le désir de le faire. Rappelez-vous cela, il n'y a pas d'autre moyen. Evidemment, poursuivait Carnegie, vous pouvez forcer un passant à vous donner sa montre en lui collant un revolver contre les côtes. Vous pouvez faire travailler un employé, jusqu'à ce que vous ayez le dos tourné, en le menaçant de le flanquer à la porte. Vous pouvez obtenir l'obéissance d'un enfant par la fessée ou la menace. Mais ces méthodes brutales ont des répercussions désagréables. »

Or, que voulons-nous réellement ? « Peu de choses,
disait Carnegie. La santé et la conservation de la vie.
La nourriture. Le sommeil. L'argent et les biens qu'il
procure. La survivance future. La satisfaction
sexuelle. Le bonheur de nos enfants. Le sentiment
d'être important. Presque tous ces besoins sont généralement satisfaits à l'exception d'un seul. Il en est
un, presque aussi profond, aussi impérieux que la
nourriture ou le sommeil. C'est cette aspiration que
Freud appelle "le désir d'être reconnu", que Dewey
appelle "le désir d'être important". »

Donnez à une personne un véritable but, le sentiment qu'elle travaille en vue d'un objectif qui en vaut
la peine, important pour elle et pour vous. C'est de
là que vient la véritable motivation, non pas celle qui
consiste à faire simplement son travail, mais le désir
d'exceller.

Mettez donc vos collaborateurs en valeur.
Accueillez-les. Encouragez-les. Formez-les. Demandez leur opinion. Félicitez-les. Laissez-les prendre
des décisions. Partagez avec eux les réussites.
Demandez leurs avis et suivez-les quand vous le pouvez. Faites-leur comprendre que vous les estimez.
Encouragez-les à prendre des risques. Donnez-leur
la liberté de travailler à leur façon et montrez votre
foi dans leurs capacités en n'intervenant pas. En
d'autres termes, montrez que vous faites preuve de
confiance, de respect et d'attention vis-à-vis de vos
collaborateurs. Faites cela et vous serez entouré de
personnes motivées.

Comme le dit Bill Geppert : « Prenez soin de votre
personnel et vos affaires se porteront bien. » Geppert
est le directeur général de Cox Cable, Inc., ayant trois
cents employés à La Nouvelle-Orléans. L'un d'eux,
jeune technicien du nom de Brian Clemons, spécia-
lisé dans la construction, était en vacances et ache-
tait quelques planches. En attendant que le bois fût

coupé, il entendit quelqu'un se plaindre de Cox. Huit ou neuf autres clients écoutaient son histoire. « Brian avait le choix entre plusieurs attitudes, expliqua plus tard Geppert, en racontant ce qui s'était passé. Il était en vacances, avait ses propres occupations et sa femme l'attendait chez lui. Il aurait donc pu ne rien faire de ce qu'il avait entendu. Mais il s'avança pour dire : "Monsieur, j'ai entendu ce que vous disiez. Je travaille pour Cox. Voulez-vous me laisser la possibilité de redresser cette situation ? Je vous garantis que nous pouvons résoudre votre problème." Imaginez la tête des huit personnes. Elles étaient étonnées. Brian prit sur lui de téléphoner au bureau et envoya des réparateurs chez le mécontent. L'équipe de réparation arriva chez le client en même temps que lui et elle fit tout ce qu'il fallait. En fait, nous avons su par la suite que Brian était allé plus loin. De retour au travail, il demanda au client s'il était satisfait du résultat, lui accorda deux semaines supplémentaires de crédit et présenta ses excuses pour le dérangement causé. »

Est-ce rare ? Dans certaines organisations, un service de cette qualité est impensable. Que les employés prennent une telle responsabilité ? Se préoccuper de problèmes qui ne sont pas liés à leur poste ? « Gâcher » leur temps de vacances ? Peu probable. Geppert a travaillé pour que cette attitude soit courante chez Cox. Il a aidé ses salariés à comprendre que Cox est *leur* société, et que son succès fera *leur* succès. « Il est possible que cet événement soit un éclair de bon sens, déclare Geppert, mais c'est le genre d'action que nous voulons voir accomplir par notre personnel. »

Comment donc pouvons-nous forcer nos collaborateurs à s'intéresser autant à leur travail ? C'est impossible. On ne peut obliger personne à faire un travail extraordinaire. Cela ne se fait que si la personne le veut. Il faut par conséquent lui donner une raison de vouloir très bien faire.

« L'action naît de nos désirs fondamentaux, écrivait le professeur Harry A. Overstreet. Le meilleur conseil que l'on puisse offrir à ceux qui désirent influencer leurs semblables, aussi bien dans les affaires, la politique, que dans l'enseignement ou la famille, c'est avant tout ceci : éveillez chez eux un ardent désir. Celui qui peut le faire s'attache tous les concours et toutes les sympathies. Celui qui en est incapable reste solitaire. » La perception d'Overstreet reste toujours aussi valable.

David McDonald, président de la Pelco Corporation, florissante compagnie d'équipements de sécurité sur la côte ouest des Etats-Unis, a fait un travail remarquable pour faire passer cette attitude volontaire. Il respecte vraiment son personnel, il lui communique des valeurs d'entreprise auxquelles chacun peut adhérer. Il donne à ses collaborateurs l'autonomie de décider des procédures à suivre. Les résultats sont extraordinaires.

« Un dénommé Bill Reese travaille dans notre service commercial, raconte McDonald. Un vendredi matin, Bill a reçu un appel d'un client de Seattle qui était aux cent coups. Il pensait avoir passé commande il y a des mois d'un équipement spécial de sécurité pour une importante installation sur un bateau. Arrivant à la fin du projet, il se rendit compte qu'il n'avait pas l'équipement Pelco et constata qu'il n'avait jamais passé cette commande. Le travail devait être terminé le lendemain, un samedi, sinon des pénalités financières très lourdes seraient à payer. Il ne savait pas quoi faire. Nous étions les seuls à pouvoir fournir cet équipement. Il expliqua tout cela à Bill tôt dans la matinée. Il s'agissait d'un produit que nous ne fabriquons qu'à la demande : rien en stock et il fallait installer un outillage spécial pour la fabrication. Bill promit de faire ce qu'il pouvait.

Bill vint à l'usine et, sans passer par le contrôle de production, démarra à zéro en s'assurant les concours nécessaires. La commande était, je crois, de quinze unités. Il lança le projet rapidement avec le service fabrication. Mais nous risquions de ne pas avoir les caméras à temps pour l'assemblage. Il prit contact avec notre fournisseur à Los Angeles et s'arrangea pour faire expédier immédiatement quinze caméras par avion. Quelques heures plus tard, il les réceptionnait à l'aéroport, juste à temps pour les faire installer avec les ensembles sortis un quart d'heure plus tôt de la ligne de fabrication.

« Bill s'était arrangé avec United Airlines pour disposer de la place suffisante dans un avion jusqu'à San Francisco, puis dans un autre jusqu'à notre client à Seattle. Bill et quelques autres emportèrent les équipements à l'aéroport. Mais après un changement d'équipe, la personne de United Airlines à qui Bill avait parlé n'était plus là. Son successeur n'avait pas la moindre idée de ce qui se passait. Grande discussion jusqu'à ce que l'autre lui dise : "Après tout, cela n'a plus d'importance, c'est trop tard. L'avion quitte son point d'embarquement." Après tous ces efforts, Bill ne s'avoua pas vaincu. Il courut à travers le dépôt jusqu'à la piste. L'avion roulait déjà, un Boeing 737. Bill le rattrapa. Il se plaça devant et réussit à attirer l'attention du pilote. Il fit arrêter l'avion. Le pilote, furieux, recula pourtant jusqu'au point d'embarquement. Et finalement, Bill réussit à installer l'équipement dans l'avion. Notre client reçut ce qu'il fallait le soir même à Seattle et compléta son installation le lendemain.

« Ce qui rend cet événement encore plus impressionnant, raconte McDonald, c'est que pendant tout ce temps, rien n'a été orchestré par la direction. Jusqu'à la fin, elle n'était même pas au courant. On ne peut obliger personne à faire ce genre de chose. On doit en donner l'envie. »

Et vos collaborateurs ne seront *prêts* à agir de cette façon que s'ils se sentent considérés comme une partie importante de l'entreprise. C'est pourquoi ils doivent être vraiment respectés et insérés dans une vision d'entreprise à laquelle ils adhèrent. C'est pourquoi vos collaborateurs doivent porter un véritable intérêt à leur vie professionnelle. C'est pourquoi leurs succès doivent être récompensés, mis en valeur et fêtés. C'est pourquoi leurs échecs doivent être traités avec précaution. Faites cela, et voyez se produire les résultats.

Il n'y a rien de nouveau dans ce concept. On demandait au président Eisenhower son secret pour influencer les parlementaires souvent réfractaires. L'ancien général parla-t-il de discipline ou du pouvoir de la présidence ? Pas du tout. Il parla de persuasion : « Vous ne motivez pas en tapant sur la tête des gens, dit-il. C'est alors une attaque, pas du leadership. » Eisenhower ajoutait : « Je préfère persuader quelqu'un, car une fois persuadé, il adhérera. Si je l'effraie, il sera fidèle tant qu'il aura peur, puis ce sera terminé. »

Ce pouvoir de persuasion n'a jamais été aussi important qu'aujourd'hui. Chez Apple, on l'a bien compris. De même que chez Corning et dans la plupart des entreprises bien menées. Intéressez votre personnel à ce qu'il fait. Que ce soit vraiment son affaire. Il travaillera, s'appliquera et s'investira.

Une fois accepté et compris ce principe fondamental, il est facile d'inventer toutes sortes de techniques de motivation. Mais elles sont toutes portées par trois bases essentielles des comportements.

1. Les collaborateurs doivent être impliqués dans l'ensemble du processus et à ses différentes étapes. La clé de cette implication, c'est le travail en équipe et non la hiérarchie.

2. Les individus doivent être traités comme des personnes. Accordez-leur toujours de l'importance et montrez que vous les respectez. Ils sont d'abord des personnes, ensuite des collaborateurs.

3. Une qualité supérieure de travail doit être encouragée, mise en valeur et récompensée. Chacun agit en fonction de ce que l'on attend de lui. Si vous traitez les autres comme étant capables et intelligents, en les laissant agir, c'est exactement comme cela qu'ils fonctionneront.

Impliquez vos collaborateurs. Dans les grandes entreprises classiques, les salariés se sentaient souvent déconnectés. Chacun était un numéro parmi des milliers, un rouage humain dans une grande mécanique industrielle. Quantité d'histoires couraient sur des employés mécontents se faisant porter malades ou passant plus de temps à faire la pause qu'à travailler à leur poste. Quand naît une telle ambiance, c'est que l'entreprise est *mal menée*. Le personnel ne s'est pas approprié les objectifs de l'entreprise. Aucune société ne peut réussir dans ces conditions.

Les leaders qui réussissent aujourd'hui font participer le personnel à tous les aspects du processus de travail : création, fabrication, stockage, marketing... Les leaders forment des équipes. Ils ne lancent pas d'ordres qui tombent d'en haut. Ils se rendent compte que ceux qui font concrètement le travail peuvent aussi prendre des décisions. Car il est certain que ceux qui sont partie prenante des décisions réagissent mieux que les autres.

American Airlines, souvent considérée comme la compagnie la mieux organisée dans ce secteur tumultueux, a mis sur pied une sorte de direction par consensus. Le président Robert Crandall explique : « Une entreprise de cette envergure ne peut être dirigée par une seule personne. En général, les compagnies comme celles-ci fonctionnent sur des bases consensuelles. Certes, le principal responsable doit toujours prendre la décision finale et assumer la responsabilité. Mais mon travail ne consiste pas tant à dicter des solutions qu'à rechercher des options et à faire coopérer entre eux des individus pour trouver un consensus d'équipe. »

Martin Edelston, président de *Boardroom Reports*, publie sa lettre économique d'une façon aussi consensuelle, en demandant constamment des suggestions à ses soixante-cinq salariés. « Vous verrez en venant chez nous, déclare Edelston, que personne n'est un savant de l'espace. Il n'y a que des personnes très ordinaires. » Alors, comment ces *personnes ordinaires* produisent-elles des résultats aussi extraordinaires ? « J'ai demandé à chacun deux idées pour rendre nos réunions plus intéressantes, explique Edelston. Nous avons reçu des milliers d'idées sur tous les sujets imaginables. » Toute l'équipe de travail est motivée par des suggestions, une variante du système *kaizen* que les Japonais utilisent dans leur processus d'amélioration constante. « Si je vous demandais deux moyens me permettant d'être meilleur, vous prendriez ça comme un compliment, dit Edelston. Vous me les diriez. Vous seriez très satisfait si je les suivais. Je reviendrais la semaine suivante, en demanderais deux autres, puis deux autres. De la sorte, il se passe quelque chose. J'ai choisi soixante-cinq collaborateurs et j'en ai fait des géants. Et nous avons maintenant une entreprise qui produit un million de dollars de chiffre d'affaires par personne. »

Steven Jobs et Steven Wozniak ont suivi une approche similaire, non hiérarchique, quand ils ont commencé à bâtir Apple. L'important n'était pas de savoir qui était le patron. Peter O. Crisp, un partenaire de Venrock Associates qui soutint financièrement l'aventure à ses débuts, pense encore en souriant au style inhabituel des fondateurs. « Ils se disaient : "Nous disposons d'un système, avec des composants électroniques que nous devrions pouvoir fabriquer en grand nombre. Il nous les faut à bas prix, mais ils doivent être très fiables. Quel est le meilleur fabricant de produits techniques dotés de ces caractéristiques ?" Ils pensèrent à Hewlett-Packard. "Eh bien, allons voir le vice-président de la fabrication chez Hewlett-Packard et embauchons-le", dirent-ils. Ils essayaient de le trouver, déclare Crisp. S'ils n'y arrivaient pas, ils cherchaient son assistant ou cherchaient quelle unité de Hewlett-Packard était la mieux organisée. Ils y allaient carrément, voyaient le responsable fabrication et essayaient de l'embaucher, offrant de larges participations. Ayant recruté une personne expérimentée, ils lui demandaient ce qu'il fallait faire. Les dirigeants d'Apple aidaient alors le nouveau venu à mettre son projet en application. Ils embauchèrent de la sorte quelqu'un pour le marketing, la fabrication, les ressources humaines, en un temps record ! continue Crisp. Vous savez, occasionnellement, au démarrage d'une affaire, le fondateur est l'homme de science. Il peut hésiter à embaucher un directeur général de crainte de lui donner trop d'emprise et de se voir contester. Les entrepreneurs sont souvent très possessifs. Eux, c'était exactement le contraire. Ils voulaient foncer. » Ce qu'ils firent dans le développement de leur société.

Pour obtenir des résultats comme ceux d'Apple, il vous faut appliquer le concept numéro deux. Vous intéresser à ceux qui vous entourent et le leur faire savoir. **Gérez les hommes avec humanité.** C'est là le second concept de base de la motivation.

« Soyez aimable avec vos collaborateurs et traitez-les avec beaucoup de respect, déclare David McDonald de chez Pelco. Investissez en eux, généreusement, sans vous attendre à un supplément automatique de profits. Tirez plutôt le plein avantage de ces ressources humaines fraîchement revalorisées pour créer de nouvelles attentes exceptionnelles, qui se traduiront en performances exceptionnelles, pour la satisfaction des clients et la rentabilité de l'entreprise. »

Dites bonjour. Souriez. Apprenez à connaître vos employés. Joyce Harvey, président de Harmon Associates Corporation, déclare : « Un employé devrait être traité comme un membre de la famille. Vous ne pouvez lui demander des choses que vous ne feriez pas vous-même. Vous devez sincèrement vous préoccuper de lui. Alors vous recevrez en retour le même degré de respect. » Harvey poursuit : « Mon directeur précédent avait dans son bureau un grand trombinoscope de tous ceux qui travaillaient chez lui. Il les connaissait par leur nom, connaissait leur famille, savait ce qui leur arrivait. Il passait dans l'usine et les saluait par leur prénom. Il montrait qu'ils comptaient pour lui. » Si cela vous paraît démodé, sachez qu'en réalité, aujourd'hui, c'est encore plus important qu'hier.

Le troisième concept fondamental de la motivation se révèle tout aussi important que les deux premiers. **Saluez un travail bien fait.** Ne soyez pas le parent muet et désapprobateur que beaucoup d'entre nous ont connu. Le genre de parents qui ne félicitaient pas leurs enfants pour leurs bonnes notes. Ils l'attendaient. Vous souvenez-vous encore de cette déception ? Eh bien, c'est toujours décevant. Il existe en chacun de nous un enfant désireux d'être complimenté. Alors, ne l'oubliez pas : vos collaborateurs veulent s'entendre dire qu'ils ont fait un bon travail. Complimentez beaucoup et souvent.

Il y a toute une palette de techniques simples pour marquer les réussites. Chez Cox Cable, Bill Geppert en utilise un grand nombre. Il déclare : « Nous avons des assemblées, des réunions. Nous faisons des sketches pendant nos réunions mensuelles pour renforcer les messages et illustrer les objectifs. Nous organisons des festivités, nous avons lancé des feux d'artifice, invité des orateurs professionnels pour illustrer le niveau d'excellence que nous recherchons. Discours, récompenses, bonus. Tout pour que notre personnel soit impliqué et emballé. »

John P. Imlay, président de Dun & Bradstreet Software Services, Inc., a sa propre méthode pour récompenser ses collaborateurs. « Le slogan de toute ma carrière est très simple, raconte-t-il : "La clé, c'est les hommes." J'ai fait créer par les joailliers Tiffany & Co une petite clé que nous arborons tous. Superficiel ? Pas du tout. A l'époque, nous venions d'éviter la faillite et je voulais remercier le personnel, qui accepta avec beaucoup d'émotion. Une clé en argent pour moins de cinq années de présence. Une en or après cinq ans. Et pour dix ans, les femmes recevaient une clé en diamants. »

Quelle que soit votre méthode, ayez-en une ! Que les membres de votre entourage sachent que vous appréciez le travail accompli, qu'ils sont importants pour vous et que vous désirez qu'ils apprennent, qu'ils progressent et qu'ils valorisent leur potentiel.

► **3** ◄

**La motivation ne peut jamais être imposée.
Pour faire du bon travail,
chacun doit le vouloir.**

CHAPITRE 4

EXPRIMEZ AUX AUTRES L'INTÉRÊT SINCÈRE QUE VOUS LEUR PORTEZ

Pourquoi lire ce livre ? Pourquoi ne pas étudier la technique du plus grand créateur d'amis que le monde ait jamais connu ? De qui s'agit-il ? Vous le verrez peut-être demain dans la rue. Arrivé à trois mètres de vous, il commencera à remuer la queue. Si vous vous arrêtez pour le caresser, il sera prêt à sauter sur vous pour montrer son intérêt. Et vous savez que derrière cette expression d'affection, il n'y a pas de mobile caché.
Il ne veut ni vous vendre une propriété, ni vous épouser. Vous est-il déjà arrivé de penser qu'un chien est quasiment le seul animal qui n'ait pas à travailler pour vivre ? Une poule doit pondre des œufs. Une vache doit donner du lait et le canari doit chanter. Mais un chien gagne sa vie uniquement en se montrant aimable. Vous vous ferez plus d'amis en deux mois en vous intéressant sincèrement aux autres que vous ne pourriez en conquérir en deux ans en vous efforçant d'amener les autres à s'intéresser à vous. Cela vaut d'être répété. Et pourtant, nous connaissons tous des gens qui cherchent toute leur vie à faire que les autres s'intéressent à eux. Evidemment, cela ne marche pas. Les gens ne songent pas à vous. Ne songent pas à moi. Ils songent à eux-mêmes. Ils y pensent le matin, à midi et le soir.

DALE CARNEGIE

Lynn Povich, rédactrice en chef du magazine *Working Woman,* a travaillé vingt-cinq ans pour *Newsweek.* Elle commença comme secrétaire, puis chargée de recherches et finalement devint la première femme rédacteur en chef chez *Newsweek.* Ce poste lui donnait autorité sur des rédacteurs et des éditeurs pour qui elle avait travaillé précédemment. « Situation intéressante ! » commente Mme Povich.

La plupart de ses collègues accueillirent volontiers sa promotion, à l'exception d'un des éditeurs. « Il était opposé à cette idée dès le début, dit-elle. Non parce qu'il ne m'aimait pas, mais parce qu'il avait l'impression que j'avais obtenu le poste en tant que femme et que je ne possédais pas les qualifications requises. Il ne me dit rien directement, mais plusieurs autres personnes m'ont rapporté ce qu'il disait. »

Elle essaya de ne pas se formaliser, s'investit à fond dans son nouveau travail et aida à susciter de nouveaux sujets. Elle prit le temps de parler aux rédacteurs. Elle démontra un intérêt sincère dans tous les domaines dont elle était responsable : médecine, médias, télévision, religion, style de vie et culture générale.

Six mois plus tard, son détracteur entra dans son bureau : « J'ai quelque chose à vous dire ! J'étais contre votre nomination. Je vous trouvais trop jeune. Je pensais que vous n'aviez pas l'expérience nécessaire. Je pensais aussi que vous aviez été promue uniquement parce que vous êtes une femme. Mais je tiens à vous dire que j'apprécie vraiment l'intérêt que vous avez manifesté pour votre travail, pour les rédacteurs et les divers éditeurs. J'ai connu quatre rédacteurs en chef avant vous. Pour moi, il était évident que ce poste ne représentait qu'une étape dans leur carrière. Aucun d'entre eux ne prenait son travail à cœur. Quant à vous, il est clair que vous le faites et que vous transmettez cet intérêt à chacun. »

Bien sûr, Lynn Povich a gardé cette façon d'agir dans ses nouvelles responsabilités à *Working*

Woman. Elle insiste : « Il faut prendre les autres au sérieux. D'abord, ne pas être distante. Rester en contact régulièrement. Je bouge beaucoup et je parle à chacun. Nous respectons un programme de rencontres régulières qui prévoit que chacun ici, à tel moment, telle semaine, aura un entretien avec moi. Je leur donne le temps de dire tout ce qu'ils veulent. Je me montre disponible. Je m'intéresse à ce qu'ils font. Je m'intéresse à leur travail et je m'intéresse à *eux* en tant qu'individus. »

Montrer sincèrement l'intérêt que vous portez aux autres, c'est le meilleur moyen pour que les autres s'intéressent à vous. Les gens répondent favorablement à ceux qui s'intéressent à eux. Ils ne peuvent pas faire autrement. C'est fondamental en psychologie. Nous sommes flattés de l'attention des autres. Nous nous sentons reconnus. Nous nous sentons importants. Nous voulons fréquenter des personnes qui s'intéressent à nous. Nous voulons les côtoyer. Nous avons tendance à répondre à leur intérêt en nous intéressant à *elles*.

Monseigneur Tom Hartman est bien connu des jeunes catholiques de Long Island dans l'Etat de New York. Au fil des années, on lui a demandé d'officier à trois mille huit cents mariages et de baptiser plus de dix mille bébés. Pourquoi autant ? N'y a-t-il pas d'autres prêtres disponibles ? Bien sûr que si. Mais peu parviennent à montrer aussi bien que lui l'intérêt intense qu'il porte à ses interlocuteurs.

Pourtant, Mgr Hartman ne célèbre pas ces mariages à la chaîne. Son approche est personnelle, individuelle. Il veut connaître le plus possible les fiancés qui viennent le voir. Il les invite à son bureau et va les voir chez eux. Pendant plusieurs mois, il les fait parler d'eux-mêmes. Ainsi, il célèbre le mariage de façon à bien répondre à leurs intérêts et à leurs besoins. « Je suis d'accord pour célébrer votre mariage, dit-il aux fiancés, mais cela ne doit pas être simplement une cérémonie. Je veux découvrir le mystère qui est le vôtre. Je veux que ce soit pour vous le meilleur mariage possible. Je veux vous connaître, parler avec vous de ce que vous avez découvert dans votre relation, ce que vous aimez chez l'autre. Je veux connaître vos difficultés et comment vous les surmontez. Et j'en parlerai à votre mariage. » Ce n'est pas le chemin le plus rapide ni le plus facile jusqu'à l'autel. Mais l'intérêt personnel de cet évêque produit d'excellents résultats sur les couples. Par cet intérêt, ils apprennent à se connaître. « Quand ces jeunes constatent que je m'intéresse tant à ce moment important de leur vie, ils commencent à m'écouter aussi sur d'autres sujets », dit-il.

Mgr Hartman utilise la même approche personnalisée pour un baptême. Il veut connaître la famille, l'enfant et ce qui fait que cette naissance est exceptionnelle pour les intéressés. Il est même allé jusqu'à suivre des cours de préparation à l'accouchement ! Cette marque d'intérêt, dit-il, lui confère une crédibilité supplémentaire pour encourager les futurs pères à suivre eux-mêmes cette préparation. Il déclare : « J'ai pu gagner la confiance de beaucoup de ces hommes pour leur avoir dit : "Faites-le. Vous comprendrez un mystère." Beaucoup d'hommes, enchantés, sont venus ensuite me déclarer : "Si j'avais manqué cette expérience, je me sentirais un peu étranger à ce grand moment." »

Il y a tant de façons différentes de faire preuve d'intérêt pour autrui. La plupart sont bien plus faciles que de suivre des cours de préparation à l'accouchement ! Une marque d'intérêt peut être une chose aussi simple que d'avoir un ton aimable au téléphone. Quand quelqu'un appelle, dire allô sur un ton qui sous-entend : « Je suis heureux de vous entendre. » En rencontrant un visage familier dans un magasin, saluer cette personne et se montrer heureux de la rencontrer.

Souriez aux autres. Apprenez leur nom et comment il se prononce. Vérifiez en l'orthographe et les responsabilités de l'intéressé. Souvenez-vous des anniversaires. Enquérez-vous du mari, de l'épouse, des enfants.

David S. Taylor, secrétaire général de la société de Bourse H.G. Wellington & Company, raconte : « J'ai toujours su que Clarence MacAllister travaillait chez Bristol-Myers. Quand il m'arrivait de le rencontrer, je me rappelais aussitôt de sa société, comme par un déclic. Tout le monde n'y arrive pas. J'ai une mémoire qui relie facilement chaque personne à son entreprise. »

Nous ne savons jamais quand tel ou tel nom nous viendra en aide. Taylor l'apprit dans un précédent poste de direction : « Quand je travaillais chez Canada Dry, il me semblait important de connaître les noms au sein des compagnies aériennes. C'était de gros clients. Grumman Aircraft servait de nombreux repas et exploitait quantité de machines à boissons. Cela me servait d'entrée en matière. Je pouvais appeler et dire : "J'ai un problème, avec untel ou untel", le fait de connaître les noms et les responsabilités des personnes me rendait un grand service. » En utilisant cette technique de base dans les relations, en prenant le temps de retenir les noms et les fonctions, Taylor a aidé à faire travailler ensemble de nombreuses personnes pour résoudre des problèmes très divers.

Ne limitez pas ces expressions d'intérêt aux personnes qualifiées d'importantes. On leur accorde probablement déjà beaucoup d'attention. N'oubliez pas les secrétaires, les assistants, les réceptionnistes, les coursiers et les personnes, officiellement moins importantes, de votre vie. Demandez comment s'est passée *leur* journée. C'est une excellente question. Et vous serez surpris de voir votre courrier arriver plus tôt le matin sur votre bureau.

S'intéresser aux autres a toujours été un trait personnel d'Adriana Bitter, présidente de Scalamandré Silks. Un jour qu'elle passait dans le rayon des papiers peints, elle entendit le responsable du secteur s'adressant à un employé : « Comment allezvous, Louis ? — Oh, pas très bien, j'ai la déprime. — Et savez-vous pourquoi ? demanda Mme Bitter en allant vers lui. — J'ai le vertige et je suis claustrophobe. Je dois partir en avion à Porto-Rico à Noël et ça m'angoisse. » La présidente posa encore quelques questions et lui dit : « Je pense que vous pourriez sans doute voir un médecin à ce sujet. — Je devais aller voir un docteur, mais il habite au trentedeuxième étage ! J'avais trop peur. — Je peux vous en trouver un au premier étage. — Vous savez, Mme Bitter, j'ai fait un rêve la nuit dernière. J'avais peur et vous êtes venue me consoler ! » Alors, Mme Bitter lui mit le bras sur les épaules et lui dit : « Ne vous en faites pas, Louis, ça va passer. Respirez plusieurs fois bien à fond. » Ils parlèrent encore un peu. Puis Louis se mit à rire et demanda : « Vous viendriez avec moi dans l'avion ? » Mme Bitter rit avec lui. Quelques jours plus tard, elle mentionna : « Il est parti hier, je suppose donc que tout va bien ! »

Les êtres humains sont vite sensibles à l'expression d'une chaleur sincère. Soyez donc sincère. Cela prend du temps de construire un intérêt sincère véritable.

Un excellent moyen d'entamer une conversation, même une discussion professionnelle, c'est d'observer un détail qui concerne votre interlocuteur. Un dessin sur le mur, un objet fait par un enfant, une photo, une raquette de squash dans le coin de la pièce. Dites votre intérêt, votre admiration ou votre sympathie. Posez une question dans ce sens : « Vous avez là un beau tableau. Qui en est l'auteur ? » Ou : « Le squash, n'est-ce pas difficile à apprendre ? »

Rien de profond, mais ces questions indiquent un intérêt personnel pour l'autre et établissent un contact de bon aloi. De telles marques d'intérêt sont les éléments de base des bonnes relations humaines. Ce sont les petits détails qui disent : « Vous êtes important pour moi. Je m'intéresse à vous. » Peu de personnes en ce monde y sont allergiques.

Tout allait bien pour Steven et Robin Weiser. Steven dirigeait une agence d'assurances qui marchait bien. Il était toujours philanthrope et généreux. Ils vivaient dans une belle maison. La fille aînée du couple était en première année à Yale et les jumeaux, plus jeunes, faisaient de bonnes études au collège. Lors d'un dîner au restaurant avec sa femme, Steven mourut d'une crise cardiaque, à quarante-cinq ans à peine. Des centaines de personnes vinrent à l'enterrement : ses amis, ses collègues, des responsables d'œuvres auxquelles il contribuait. Beaucoup de ces personnes rendirent une visite de condoléances à la maison des Weiser. Presque aussi choquante que la mort soudaine de Steven fut la déclaration de sa femme ce soir-là : « C'est bien dommage que Steven n'ait pas su qu'il avait touché tant de personnes, que tant de personnes l'aimaient. » Steven Weiser ? Avec tous ses amis et ses collaborateurs ? Avec tout ce travail bénévole ? Mais rares étaient les personnes qui lui avaient dit ce qu'elles ressentaient.

Ne commettez pas cette erreur. Quand vous éprouvez de l'affection pour quelqu'un, ami, conjoint, parent, collègue.... exprimez-la et faites-le tant que vous en avez la possibilité.

Plus important encore qu'*exprimer* votre intérêt : *montrez-le*. Harrison Conference Services reçoit des assemblées, des séminaires, en gérant toute la logistique pour que les clients puissent se concentrer sur leur véritable travail. Pour prospérer, une telle société doit montrer, de façon répétée, que tout son personnel est vraiment intéressé, motivé, par l'affaire de ses invités. Il ne suffit pas d'avoir de beaux locaux, des salles attrayantes, une cuisine soignée, des matériels audiovisuels sophistiqués ou une pléthore d'équipements récréatifs. Si les invités ne se sentent pas traités avec respect et intérêt véritables, leur prochaine manifestation sera organisée ailleurs.

« Je me rappelle un Chinois invité à un programme international, raconte le président d'Harrison, Walter A. Green. Une de nos hôtesses l'entendit mentionner que les plats de son pays lui manquaient. Il se trouve que l'hôtesse connaissait les recettes de la cuisine chinoise. Le lendemain, elle prépara chez elle quelques spécialités et les apporta. Je ne puis vous décrire l'enthousiasme de cet homme pour cette marque d'intérêt personnel et sa joie de pouvoir faire connaître des mets de son pays aux personnes assises à sa table. » L'action de l'hôtesse avait signifié ceci : « Nous tenons particulièrement à vous être agréables. » Qui n'apprécierait une telle qualité d'attention ?

Heureusement, ce style relationnel est une habitude qui s'acquiert facilement. Elle est très gratifiante. Il s'agit surtout de comprendre à quel point elle est importante et de la mettre en pratique.

Essayez avec la première personne que vous rencontrerez : « Qu'est devenue cette résidence d'été que vous pensiez acheter ? » ou : « Quelle vue superbe vous avez ici ! Comment faites-vous pour ne pas passer votre temps à la fenêtre ? » Une fois que vous aurez commencé, cette façon de faire deviendra rapidement naturelle. Bientôt, vous exprimerez, vous montrerez votre intérêt, et vous *deviendrez* beaucoup plus intéressé par les personnes qui vous entourent. Bienfait supplémentaire : cet intérêt véritable pour les autres vous fera sortir de votre propre bulle et vous fera moins penser à vos propres problèmes.

Plus vous vous intéresserez aux autres, plus vos relations humaines deviendront agréables, et moins vous aurez de pensées négatives. Beau résultat pour quelques mots aimables.

Harvey B. Mackay, auteur d'ouvrages économiques connus, commença sa carrière dans une fabrique d'enveloppes. C'est là qu'il apprit la plupart des leçons qui sous-tendent ses livres. Il déclare : « Je suis très porté sur les cadeaux créatifs, et quand je dis cadeaux, ils ne sont pas forcément coûteux. J'avais un représentant, dans la catégorie des vendeurs moyens, sans plus. Je me souviens lui avoir dit que l'un de ses acheteurs venait d'avoir une fille. Il est donc allé acheter un cadeau. C'était bien, mais le cadeau n'était pas pour la petite fille. Il était pour le frère aîné d'un an et demi, quelque peu jaloux de sa nouvelle petite sœur. Son geste créatif m'a frappé. Du coup, je ne l'ai plus vu comme un vendeur moyen ; il est maintenant notre directeur commercial. »

Exprimer son intérêt pour les autres s'avère particulièrement important lorsque vous êtes nouveau venu dans un groupe d'enfants. Il semble que Bill Clinton savait cela à son arrivée au jardin d'enfants. D'après la maîtresse, il était naturellement aimable et s'intéressait de façon désarmante aux autres enfants. « Bonjour ! disait-il à chacun. Je m'appelle Bill. Et toi ? » Ridicule ? Peut-être. Mais aucun de ses camarades de cette ville de Hope dans l'Arkansas ne fut surpris quand il devint plus tard président des Etats-Unis.

Un mot de bienvenue franc, aimable, est tout aussi important quand vous êtes le nouveau venu dans un bureau ou un nouveau commerçant dans la ville. Le message implicite ne devrait pas être : « Me voici, que pouvez-vous faire pour moi ? » Mais au contraire : « Me voici, que puis-je faire pour vous ? » Inscrivez-vous donc pour aider des malades, ou dans un club de sport, une association de parents d'élèves. Participez à une organisation bénévole. Voilà différents moyens de montrer l'intérêt que vous portez à votre entourage, de lui dire : « Je m'intéresse à ce qui se passe ici. » Tout cela vous aidera à rencontrer quantité de personnes dans une ambiance agréable. Vous éprouverez un sentiment de satisfaction. Vous établirez de nouvelles relations, gagnerez en confiance et sortirez de votre zone de confort.

Dale Carnegie l'avait bien compris. « Si vous voulez que les autres vous apprécient, écrivait-il, si vous voulez entretenir des relations durables, si vous voulez aider les autres en même temps que vous-même, gardez à l'esprit ce principe fondamental : intéressez-vous sincèrement aux autres. » Sur ce point, il est indéniable que Carnegie pratiquait ce qu'il enseignait, même chez lui. J. Oliver Crom, qui est maintenant président international de Dale Carnegie & Associates, le constata dès sa première rencontre avec ses futurs beaux-parents. « Dire que j'étais nerveux à l'idée de rencontrer Dale Carnegie serait au-dessous de la vérité, se rappelle-t-il. Eh bien, quelques secondes à peine après l'avoir salué, il m'avait détendu en me posant quelques questions me concernant. » Dale Carnegie exprimait simplement son intérêt pour l'homme que venait lui présenter Rosemary.

« Je lui ai d'abord dit : "M. Carnegie, je suis très heureux de vous rencontrer." Il m'a répondu : "S'il vous plaît, appelez-moi Dale. M. Carnegie fait trop cérémonieux." Et il ajouta : "Je crois savoir que vous êtes né à Alliance dans le Nebraska." J'acquiesçai et il poursuivit : "Dites-moi, les habitants d'Alliance sont-ils toujours aussi agréables que ceux que j'y ai connus il y a des années quand j'y faisais une prospection commerciale ?" J'ai répondu : "Oui, c'est vrai." Il me dit alors : "Parlez-moi des gens d'Alliance et parlez-moi de vous-même." C'est ainsi qu'il me fit parler. De là, les choses s'enchaînèrent rapidement. Nous nous sommes promenés dans des parcs, nous avons travaillé ensemble à sa roseraie. Ensemble, nous sommes allés au théâtre. Nous avons pris le métro pour aller en ville. Nous sommes allés voir une pièce à Broadway. Je n'ai pas grand souvenir de la pièce, mais je me rappelle vivement qu'en nous promenant dans les jardins de Forest Hills, il connaissait tout le monde. Il connaissait l'agent de police. Il appelait par leur nom les personnes qui promenaient leur chien. Elles s'arrêtaient avec plaisir pour le saluer. J'ignorais à l'époque à quel point c'était inhabituel. Venant du Midwest, je croyais normal que les gens échangent aussi facilement. »

Steve Ghysels, maintenant vice-président de la Bank of America, a appris à ses dépens combien il est important de s'intéresser sincèrement aux autres. Il démarra dans la vie de façon fulgurante. A la fin des années 1980, frais émoulu de l'université, il trouva un poste de cadre dans une grande société d'investissements. A vingt-cinq ans, il avait un appartement style Art déco à l'ouest de Los Angeles et roulait en Mercedes. « Je pensais tout savoir et je le faisais savoir. C'était là mon attitude. Mais lorsque la récession commença en 1990, raconte-t-il, mon patron m'appela dans son bureau et me dit : "Steve, ce qui ne va pas chez vous, ce n'est pas votre travail, c'est votre attitude. Le personnel n'aime pas travailler avec vous. Je suis désolé, mais nous allons devoir nous séparer." Je fus frappé comme par un roc. Moi, monsieur Réussite, j'étais viré ! Je savais pourtant que je pourrais facilement retrouver un autre emploi bien payé. Erreur. Bonjour la récession !

« Après plusieurs mois de recherches frustrantes, ma couche de fierté tomba et révéla une épaisse couche de crainte. Pour la première fois de ma vie, je manquais de confiance, j'étais saisi de peur.

M'étant mis tout le monde à dos, je ne savais pas à qui m'adresser, à qui parler. J'étais seul. »

C'est alors que Ghysels apprit à s'intéresser aux autres. Il commença à écouter. Il commença à se soucier d'autre chose que de lui. Il relativisa ses propres ennuis en rencontrant des personnes dans des conditions plus pénibles que les siennes. Il s'ouvrit, devint plus humain, plus aimable et nettement plus susceptible d'être embauché. « Je commençais à voir les autres d'une façon nouvelle, dit-il. Mon attitude avait changé. Je me sentais différent. Mes craintes diminuaient. Mon esprit s'ouvrait. Les autres commençaient à s'en rendre compte. J'avais une meilleure qualité de vie, même si j'avais dû revendre mon bel appartement et ma voiture. Trois ans plus tard, j'ai à nouveau un poste très lucratif, mais cette fois, je suis entouré de collaborateurs que je peux vraiment appeler mes amis. »

▶ 4 ◀

**Rien n'est plus efficace et satisfaisant
que de manifester aux autres
un véritable intérêt.**

CHAPITRE 5

SACHEZ VOIR LES CHOSES
DU POINT DE VUE DE L'AUTRE

L'an dernier, je voulais engager une secrétaire particulière et j'ai publié une petite annonce avec réponse au journal sous numéro de référence. J'ai dû recevoir trois cents réponses. La plupart d'entre elles commençaient à peu près comme ceci : « Je vous écris en réponse à votre annonce du Sunday Times *sous référence 299. Je vous fais mes offres de service pour le poste que vous proposez. J'ai vingt-six ans, etc. » Une femme fut plus adroite. Elle ne parla pas de ce qu'elle voulait. Elle parla de ce que je voulais. Sa lettre disait : « Vous recevrez probablement deux ou trois cents lettres suite à votre annonce. Vous êtes certainement très occupé. Vous n'avez pas le temps de les lire toutes. Si vous voulez bien me téléphoner maintenant à tel numéro, c'est avec plaisir que je viendrai ouvrir le courrier, jeter les demandes sans intérêt et placer sur votre bureau celles qui méritent d'être lues. J'ai quinze ans d'expérience... » Elle mentionnait ensuite les personnalités pour lesquelles elle avait travaillé. Dès que je lus cette lettre, j'eus presque envie de danser. Immédiatement, je saisis le téléphone pour lui demander de venir, mais c'était trop tard. Un autre employeur l'avait déjà choisie ! Une personne comme celle-là met le monde des affaires à ses pieds.*

DALE CARNEGIE

Bien avant que le publicitaire Burt Manning ne se soit lancé sur Madison Avenue, il voulait devenir écrivain. Pas journaliste, écrivain. Et tous les jours, ce jeune homme passait de nombreuses heures à rédiger des nouvelles, des romans et des pièces de théâtre qui devaient à coup sûr soulever l'émotion des lecteurs. Mais, comme la plupart des jeunes écrivains, Manning ne pouvait compter sur ses écrits, il lui fallait trouver un emploi. Il fit du porte-à-porte pour vendre l'Encyclopédie britannique, puis des ustensiles de cuisine. Il vendit même des concessions au cimetière, dans les quartiers ouvriers de sa ville de Chicago.

Ce dernier produit devint le plus profitable. Pas au début, non par manque d'efforts. Chaque soir, après une journée complète à la machine à écrire, Manning se mettait en costume-cravate, et partait avec sa petite valise. Il faisait l'article de façon enthousiaste auprès des personnes qui lui ouvraient leur porte, mettant en avant les avantages d'investissement qu'offrait une concession au cimetière, la rareté future de cette possibilité à cause de l'accroissement rapide de la population de Chicago et la garantie offerte par sa société qui éliminait tout risque pour l'acheteur. « C'était en fait un investissement judicieux, bon marché, et j'y croyais. Mais je n'arrivais pas à le vendre. Je ne le présentais pas selon le point de vue de mes prospects. Au lieu de m'intéresser à ce qui les concernait le plus, je mettais l'accent sur l'aspect financier. Je n'avais pas encore pensé à un meilleur axe de motivation pour emporter leur décision. » Manning avait omis de se poser les questions de base : *A quoi ces personnes sont-elles vraiment sensibles ? Qu'est-ce qui les différencie ? Que puis-je leur offrir qui les satisfasse vraiment, ainsi que leur famille ?*

Une fois posées, ces questions trouvaient facilement réponse. « Il s'agissait d'un groupe ethnique

=== CARTE BANCAIRE ===

A0000000043060
Maestro
le : 24/10/09 a : 11:11:44
RELAIS FNAC

57METZ
4220997
305534439000
0102957D5EB54036
019   001   000196
C   @
Montant :
   10.00 EUR
Pour Information :
   65.60 FRF
Taux conv : 6.55957

              DEBIT
    TICKET CLIENT A CONSERVER

    019 / 0066 Ticket - 000077

très soudé, où la famille était extrêmement important : ils restaient proches de leurs grands-parents, oncles et tantes, cousins, et ne voulaient pas quitter leur quartier. » Même après la mort, se dit Manning. Alors, au lieu d'argumenter investissement et finances, il comprit qu'il devait parler famille, voisinage et proximité. « Cette propriété au cimetière, rappelle-t-il, leur donnait l'occasion d'avoir toute la famille réunie dans un même endroit où ils pourraient se rendre facilement, au lieu de faire de longs déplacements pour aller sur la tombe de leurs grands-parents. Pour eux, cela comptait énormément. Au début, je ne l'avais pas compris. Tout ce que je savais, c'était proposer un excellent investissement à un prix raisonnable, mais ils n'étaient pas intéressés, et donc n'achetaient pas. Après avoir compris ce qui les touchait réellement, ce qu'ils voulaient, je leur montrais à quel point c'était facile de l'obtenir. Je fis alors de très bonnes affaires. »

Manning a fait depuis une carrière spectaculaire, à la tête de l'agence internationale de publicité J. Walter Thompson. Pour lui, ce fut un levier puissant que d'avoir appris, dès le début de son activité professionnelle, cette leçon : *voir les choses du point de vue de l'autre.* C'est la clé la plus importante pour se comporter dans la vie. *L'autre,* c'était pour lui cette ménagère de Chicago et son mari. Mais l'autre peut être le supérieur hiérarchique, le collègue, le collaborateur, le client, le conjoint, l'ami ou l'enfant... Ce principe fondamental, qui consiste à toujours s'efforcer de voir les choses du point de vue de l'autre, s'applique à tous vos interlocuteurs.

« A l'avenir, il sera demandé encore plus aux leaders, prédit Bill Makahilahila, vice-président de SGS-Thomson, fabricant mondial de semi-conducteurs. Peu importe que vous soyez intendant ou réceptionniste, il vous faut apprendre à vous comporter avec les autres. Si vous pensez qu'une situation professionnelle vous confère le pouvoir de dominer les autres, ce n'est plus vrai. Vous allez devoir penser davantage aux intérêts des autres. Une fois ce processus engagé dans une entreprise, s'instaure un nouveau style de communication, observe Makahilahila. Si vous apprenez à penser aux intérêts de votre patron, une ouverture se produit : vous commencez à échanger librement. Ne pensez pas uniquement à vous, à vos besoins. Pensez à ceux de Georges ou de William. Pensez également aux questions à poser pour les connaître, pour les comprendre. »

Les résultats peuvent également être remarquables dans vos relations personnelles. « Récemment, Louis, mon petit-fils de quatre ans, est venu passer la nuit chez nous, raconte Vern Laun, un homme d'affaires de Phoenix. Quand Louis se leva, vendredi matin, je lisais le journal, devant les informations télévisées. Louis vit que je n'écoutais pas les nouvelles et il voulait regarder des dessins animés. Il me dit : "Bon-papa, veux-tu que j'arrête la télévision pour que tu puisses bien lire ton journal ?" J'ai compris qu'il voulait regarder autre chose. Alors, je lui ai dit : "Vas-y, éteins la télévision. Ou regarde autre chose, si tu veux." En quelques secondes, il avait saisi la télécommande et trouvé des dessins animés. A quatre ans, il avait pensé d'abord : "Que désire bon-papa pour que j'obtienne ce que je veux ?"»

L'approche de Barbara Hayes, vice-présidente du marketing de Lerner à New York, est presque obsessionnelle. Dans son cas, comme toujours dans la vente au détail, l'autre, c'est la cliente. Le processus commence avant même que la cliente n'entre dans le magasin. « Dans certains centres commerciaux, notre vitrine fait vingt mètres, dit-elle. En l'espace de neuf secondes, la cliente prendra la décision d'entrer ou non dans le magasin. Cette décision instantanée, multipliée des millions de fois, détermine largement

notre succès. » D'où l'expression de Barbara Hayes :
« Je dispose de neuf secondes. »

Le métier de la vente au détail, hautement compétitif, s'est montré leader dans l'art de considérer les
choses du point de vue du client. Nous avons tous
vu un magasin mal tenu. Les vendeurs sont groupés
et bavardent. Le client qui arrive semble un intrus
dans un club privé. Voulez-vous être servi ? Les vendeurs sont trop occupés ou fatigués pour s'interrompre. Mais ce temps du service tiède est fini. On
l'a suffisamment dit. Les commerçants ferment vite
boutique s'ils n'adoptent pas l'attitude « le client
d'abord ».

Sam Walton embauchait des personnes à plein
temps, simplement pour saluer les visiteurs de ses
grands magasins Walmart. Leur seul travail : dire
bonjour et diriger les clients au bon endroit. Pourquoi ? Ce n'était pas simplement l'hospitalité qu'il
avait apprise dans l'Arkansas, mais du bon sens : voir
ses magasins du point de vue des clients. Ils arrivaient dans un immense magasin brillamment
éclairé, avec des rangées et des rangées de marchandises, sans savoir quelle direction prendre. Ils
avaient besoin d'être orientés et appréciaient ce service. En trouvant vite ce qu'ils cherchent, les clients
sont plus enclins à acheter et à être satisfaits. Un
client satisfait n'est-il pas toujours bon pour un
magasin ? *Satisfaire les clients au-delà de leur attente*
fut une des règles d'or de Sam Walton. « Si vous le
faites, ils reviennent constamment. Donnez-leur ce
qu'ils veulent et même un peu plus. »

Dans la vente sélective au détail, la chaîne Nordstrom a maintenu son chiffre d'affaires pendant la
récession de la fin des années 1980 et du début des
années 1990. La priorité numéro un de ce grand
magasin : voir le point de vue du client. « Nordstrom
est le détaillant le plus redoutable au monde, déclare
le conseiller d'entreprises Denis Waitley. Ma femme

Susan a trouvé en eux un allié. Elle leur avait acheté deux paires de chaussures et les avait rendues après les avoir portées pendant deux semaines. Une des paires lui faisait mal et elle les avait rendues toutes les deux. Aucun problème. C'était possible. Le client était traité en roi. » Waitley n'était quand même pas préparé au coup de téléphone qu'il reçut un soir chez lui : une voix féminine l'appelait : « Bonsoir, pourrais-je parler à Susan Waitley, de la part de Martha, sa représentante au service client de Nordstrom ? — Et vous voulez arrondir vos commissions ? Pourquoi voulez-vous parler à Susan ? — Les chaussures de la taille et du coloris souhaités par Susan sont arrivées et je voulais vous les apporter après mon travail. — Si je me souviens bien, vous êtes côté sud de la ville. Nous sommes au nord et allons bientôt commencer à dîner, et je ne veux pas être dérangé pendant les repas. Vous n'aurez pas le temps d'arriver. Mais merci d'avoir essayé. — J'appelle de mon téléphone de voiture et je suis garée en face de chez vous ! — Ah ! Venez, je vous ouvre ! »

La vente eut lieu et Waitley admit qu'il était impressionné. Le magasin voyait vraiment l'intérêt du client. Ce n'était pas : comment faire des affaires plus facilement pour nous ? Mais : comment faire des affaires plus facilement pour vous ? Cela compte, les clients enchantés. Et ce n'est pas possible sans voir avec leurs yeux.

Pour chaque produit à vendre, Dun & Bradstreet Software Services organise un *forum de clientèle*. « Nous ne commercialisons pas un produit tant que le forum de clientèle n'a pas indiqué que celui-ci était prioritaire, explique son président John Imlay. Les clients viennent avec leur liste de priorités. Nous apportons une solution avec ses caractéristiques et ses avantages. C'est notre fierté que de résoudre leurs problèmes et de satisfaire leurs besoins. » Voilà une étape qui n'est pas considérée comme un luxe chez

Dun & Bradstreet, mais comme une étape essentielle pour la bonne marche des affaires. Imlay déclare : « Sans enquêter auprès des clients, concevoir un produit dans notre tour d'ivoire est inutile. »

Cette perspective de l'extérieur ne devrait pas être réservée aux clients. Elle devrait s'appliquer aux membres de l'entreprise, aux fournisseurs, à toutes les personnes que vous rencontrez chaque jour.

David Holman, directeur chez John Holman & Co, exportateurs australiens de fruits et légumes, eut un jour la tâche désagréable d'appeler un de ses fournisseurs pour annoncer une terrible nouvelle : le prix des légumes à l'expert baissait de moitié. Au téléphone, réaction prévisible, l'homme était anéanti. La situation paraissait tellement grave qu'Holman décida de faire deux heures de route pour aller le voir personnellement. Quand il arriva, la terre était humide et boueuse. Le producteur travaillait à sa récolte et, à la ferme, Holman emprunta une paire de bottes pour aller le trouver dans les champs. « Bonjour ! » dit Holman sur un ton amical. Puis il écouta avec beaucoup de sollicitude l'agriculteur raconter le dur travail de sa terre, le temps qu'il avait consacré à sa récolte, les difficultés économiques de l'année et sa déception au sujet des nouveaux tarifs. Holman n'eut aucun mal à comprendre le point de vue du producteur, qui était accablé de soucis. Il lui fit part avec chaleur de sa profonde sympathie. A sa grande surprise, sans discuter le prix de la récolte, l'agriculteur lui dit : « Je vois que vous êtes franc avec moi, vous me comprenez. J'accepte votre offre dans l'espoir que les choses s'améliorent bientôt. »

Mettez-vous littéralement dans les bottes de l'autre. Il n'y a pas de meilleur moyen pour apaiser une situation difficile.

« Nous avons une petite affaire de tapis en Chine, raconte Adriana Bitter, présidente de Scalamandré

Silks. Le jour du massacre de Tienanmen, alors que les grandes entreprises s'étaient arrêtées, notre atelier tournait. Ce jour-là, nous avions envoyé un télégramme pour dire que nous partagions leurs grandes préoccupations. Nous n'avions pas mentionné la grosse commande qui devait être livrée en Angleterre la semaine suivante et pour laquelle nous n'avions plus d'espoir. Mais nous avons reçu cette réponse : "Merci pour votre télégramme — commande expédiée ce matin." Je ne sais pas comment ils ont réussi à la faire sortir de Chine, mais ils y sont arrivés. » En voyant les choses du point de vue des autres, Adriana Bitter obtint l'impossible pour honorer la commande. « Et nous entretenons toujours ces excellentes relations avec notre atelier des montagnes chinoises », dit-elle.

L'attention constante au service du client est une question de vie ou de mort dans toute entreprise. Pour Harrison Conference Services, qu'il s'agisse de rendre les locaux plus agréables pour les conjoints des invités ou servir un menu diététique, tout est possible. Et il ne suffit pas d'attendre que soit remplie la boîte à suggestions ou qu'arrivent au courrier les réclamations : *il faut garder une longueur d'avance sur les clients.* Les responsables avisés pensent toujours à ce que le client voudra après, dans quelques jours, quelques semaines, quelques mois. Cela s'inscrit dans la réflexion sur les intérêts des autres, avant les leurs.

D'après Martin Edelston, la pléthore d'informations économiques écrites — revues, livres, circulaires, données informatiques, télécopies — ne fournit généralement pas les renseignements pratiques indispensables à de nombreux responsables : « Elles fournissent des nouvelles économiques, mais ne vous disent pas, de façon pratique, comment vous comporter avec votre personnel, comment réduire les coûts des fonctionnements humains et comment agir au mieux devant les situations. » C'est pour combler ce vide qu'Edelston a fondé *Boardroom Reports*. Faut-il être un génie pour rêver cela ? Sûrement pas. Cela requiert des leaders qui se demandent chaque jour : « Comment notre clientèle juge-t-elle notre travail ? Que voudra-t-elle ensuite ? »

Pratiquement toutes les entreprises peuvent tirer parti de ce regard de l'extérieur. « L'année dernière, déclare Jan Carlzon, président de SAS, chacun de nos dix millions de clients a communiqué en moyenne avec cinq employés de notre compagnie. Ce contact a duré en moyenne quinze secondes. Ces cinquante millions d'instants sont les moments de vérité qui déterminent le succès à terme de nos lignes aériennes scandinaves. »

Voir les choses du point de vue de l'autre n'arrive pas par hasard. Les questions ne sont pas compliquées, mais elles doivent être posées. Questionnez donc au travail, chez vous, dans la vie sociale. Bientôt vous verrez les choses comme d'autres les voient. Quelle expérience de vie l'autre apporte-t-il dans ces échanges ? Qu'essaie-t-il d'accomplir ? Qu'essaie-t-il d'éviter ? Quels autres intérêts doit-il considérer ? Que faut-il pour que notre rencontre soit réussie ? Les réponses à ces diverses questions seront différentes selon les sociétés, quoique des thèmes récurrents apparaîtront sûrement. Quelles que soient les réponses précises, l'important n'est pas forcément d'accepter tout ce que veut l'autre, c'est de faire un véritable effort de sincérité pour comprendre ce qu'il veut réellement, afin de lui donner, autant que possible, satisfaction. Comme le dit Dale Carnegie : « Si vous aidez les autres à résoudre leurs problèmes, le monde vous appartient. »

Il fallut une lettre virulente de réclamation pour rappeler à David Luther de Corning que notre idée n'est pas forcément celle de notre client. Luther travaillait alors en Angleterre. Corning avait envoyé un questionnaire à ses clients ; une réponse n'était pas tendre : « Corning, c'est nul ! » Comme tout bon dirigeant, Luther s'informa et invita la personne à s'expliquer. « Eh bien, dites-moi pourquoi Corning, c'est nul ? demanda-t-il à cet homme, qui travaillait dans un entrepôt où étaient stockés les produits Corning. — Vos étiquettes sont nulles ! — Ah, je vois, lui dit Luther soulagé. Vous devez sûrement nous confondre avec un autre fournisseur. Nos étiquettes sont imprimées par ordinateur, elles indiquent le lieu de fabrication, le pays d'origine, votre code, notre code, la date et tout ce que vous voulez savoir ! » L'homme ricanait : « Etes-vous déjà allé dans un entrepôt ? — Bien sûr, répondit Luther. J'ai même passé dix ans dans un entrepôt ! — Avez-vous mis les pieds dans *mon* entrepôt ? Non ? Alors venez voir ! » Dans cet entrepôt, il s'avéra que les rayons de stockage étaient nettement plus hauts que ceux que Luther connaissait aux Etats-Unis. L'étage supérieur était très au-dessus des têtes. Le magasinier montra du doigt : « Voilà où nous stockons vos marchandises. Pouvez-vous lire les étiquettes ? — Non, je l'avoue. — Là est le problème. On ne peut rien lire ! » C'était cela que cachait son « Corning, c'est nul ! »

Ce jour-là, Luther reçut une précieuse leçon. Il faut comprendre l'organisation du client, penser à lui dans *son* environnement et à ses impératifs. On ne les connaît pas sans prendre la peine de s'en enquérir. Si vous voulez avoir de meilleures relations avec vos clients, votre famille et vos amis, considérez les choses du point de vue de vos interlocuteurs.

► 5 ◄

**Sortez de vous-même pour découvrir
ce qui est important pour l'autre.**

CHAPITRE 6

APPRENEZ À ÉCOUTER

Au cours d'un dîner offert par un éditeur new-yorkais, j'ai rencontré un botaniste. C'était la première fois que je bavardais avec un botaniste et je trouvais passionnant ce qu'il racontait sur les plantes exotiques, les jardins d'hiver et les expériences pour produire de nouvelles plantes. J'avais moi-même un jardin d'intérieur et il eut l'amabilité de me dire comment résoudre certains problèmes. Il y avait là une bonne douzaine d'autres invités, mais j'ignorai tout le monde et violai pendant plusieurs heures toutes les règles du savoir-vivre. Minuit vint, je pris congé et me retirai. Je sus par la suite que le botaniste s'adressa alors à notre hôte pour faire mon éloge : ma compagnie était vraiment stimulante, j'étais ceci, j'étais cela. Il termina en déclarant que j'étais un brillant causeur. Un brillant causeur ? Je n'avais presque rien dit, car la botanique m'est aussi inconnue que l'anatomie des pingouins. Seulement, j'avais écouté passionnément. J'étais très intéressé. Il l'avait senti et naturellement cela lui avait plu. Ecouter quelqu'un de cette manière, c'est lui faire le plus flatteur des compliments. Il m'avait qualifié de brillant causeur, alors que je n'avais été qu'un auditeur attentif et que je l'avais encouragé à parler.

DALE CARNEGIE

Voici deux raisons excellentes pour écouter ce que disent les autres. Nous apprenons, et les autres réagissent favorablement à qui les écoute. Cela semble si évident qu'il est presque stupide de l'écrire. Mais c'est une vérité que la plupart d'entre nous oublions dans nos actes...

Longtemps présentateur au journal de 20 heures sur la chaîne ABC, Hugh Downs eut la chance d'apprendre, tôt dans sa carrière, l'importance d'écouter. Il fut témoin d'un manque d'écoute qui joua un vilain tour à un collègue, pourtant expérimenté. « Celui-ci interrogeait un homme qui, dans les années 1930, s'était échappé de la prison du Kremlin. L'invité racontait comment, pendant des mois, les prisonniers avaient creusé un tunnel. Ils avaient avalé de la poussière, avaient dérobé une scie... Et quand ils pensèrent que leur tunnel débouchait à l'extérieur de la prison, ils creusèrent vers le haut. Une histoire sensationnelle. Une nuit, ils étaient finalement prêts. Ils avaient découpé un plancher au-dessus de leurs têtes. Mais quand le prisonnier put regarder par le trou, il fut abasourdi. Et il dit au journaliste : "Je me suis rendu compte que j'aboutissais au beau milieu du bureau de Staline !" Devinez les paroles suivantes du journaliste, raconte Downs... "Et quels sont vos passe-temps favoris ?" et non pas : "Vraiment ? Le bureau de Staline ?" ou : "J'espère que Staline ne travaillait pas tard ce soir-là !" Si le journaliste avait écouté, il aurait posé les bonnes questions, mais il était distrait. Sa question était ridicule et les auditeurs furent privés de la conclusion d'une histoire passionnante. » Downs ajoute : « C'est une histoire vraie. Et j'ai été témoin de bien d'autres échanges, au cours desquels le journaliste oubliait tout simplement d'écouter. C'est fou comme on peut gaffer ! »

L'importance de l'écoute ne s'applique pas aux seuls professionnels, bien sûr. Elle est indispensable pour chacun, partout, à tout moment, quand il est question de communiquer. L'écoute est la plus importante de toutes les techniques de communication. Plus importante qu'une éloquence vibrante, qu'une voix puissante, que l'aptitude à parler différentes langues. Plus importante même qu'un talent d'écriture. Une bonne écoute est véritablement le point de départ d'un échange efficace. Il est surprenant de constater que peu de personnes écoutent vraiment bien. Les leaders qui réussissent sont souvent ceux qui ont appris la valeur de l'écoute.

« Je ne suis pas juché en haut d'une montagne pour voir ce que nous devrions faire, dit Richard Buetow, directeur qualité chez Motorola. Je dois découvrir cela par l'intermédiaire d'autres personnes. Je dois écouter énormément. » Même un grand communicateur comme lui, qui cherche à transmettre une vision claire de Motorola partout où il va, doit savoir quand *il ne faut pas* parler. Selon ses propres termes : « Il faut savoir éteindre l'émetteur et se faire récepteur pour laisser à d'autres l'expression des idées, et les y encourager. » Cette compréhension constitue une part importante de l'image de Buetow en tant que leader dans l'entreprise. Il ne parle jamais de lui-même en tant que maître ou stratège dans une entreprise de pointe, mais se compare plutôt à un pigeon voyageur. « Je ne résous pas un seul problème de qualité chez Motorola, explique-t-il. Si vous me posez une question technique, mon premier réflexe sera de vous donner le numéro de téléphone de la personne compétente. Ce que je fais, c'est saisir les bonnes idées que j'entends et les transporter d'un endroit à un autre. »

La vérité est ici élémentaire : personne ne sait tout. Ecouter les autres est la meilleure façon d'apprendre. Cela implique d'écouter les membres du personnel, les clients, vos amis, votre famille, même vos critiques les plus virulents. Cela ne veut pas dire devenir prisonnier de l'opinion des autres, mais faire l'effort de les entendre. Et vous glanerez beaucoup d'idées.

Giorgio Maschietto, directeur général de Lever au Chili, avait la responsabilité de plusieurs usines en Amérique du Sud, y compris une énorme unité de dentifrice Pepsodent. La production était constamment interrompue par le besoin de laver les réservoirs en acier contenant la pâte. Un jour, un des ouvriers fit une suggestion que Maschietto eut l'intelligence de suivre. « Nous utilisions seulement un réservoir, raconte-t-il. Cet ouvrier suggéra d'en installer un second. Maintenant, nous lavons le premier tout en utilisant l'autre, ce qui évite toute rupture de production. En ajoutant ici un boulon, ici un réservoir, nous avons réduit de 70 % le temps nécessaire aux changements. » De la même source, Maschietto reçut une autre idée tout aussi intéressante. Depuis des années, la fabrique utilisait une série de pesées compliquées et onéreuses en bout de tapis roulant, pour s'assurer que chaque emballage de dentifrice contenait bien un tube. Mais les balances sophistiquées ne marchaient pas bien. Il explique : « Il nous était arrivé d'expédier des emballages vides ; une des idées suggérées fut de remplacer la pesée coûteuse par l'envoi d'un jet d'air à l'horizontale, de telle sorte que l'air expulse le carton vide du tapis roulant. »

Beaucoup considèrent l'écoute comme passive et la parole comme active. Même certains clichés, tels que : détendez-vous et écoutez, concourent à cette incompréhension de ce qu'est la véritable écoute. Ne faire qu'entendre ce que dit quelqu'un est assez passif, mais écouter de façon efficace, engagée, est un exercice vraiment actif.

André Navarro, président de Sonda, compagnie sud-américaine spécialisée en électronique, utilise la langue pour illustrer la différence entre les deux.

« En espagnol, les deux mots *oir* et *escuchar* équivalent pratiquement à *entendre* et *écouter*. Ecouter vraiment, c'est beaucoup plus qu'entendre. Beaucoup de personnes entendent tout en pensant surtout : "Que vais-je répondre ?" Plutôt que d'essayer de comprendre vraiment ce que dit leur interlocuteur. »

L'écoute active demande un engagement total dans la conversation, même sans répondre. Ce n'est pas toujours si facile et demande de la concentration. Cela requiert une véritable implication, avec questions et incitations. Les réponses doivent être concises et appropriées.

Pour montrer un intérêt actif dans une conversation, il ne s'agit pas d'intervenir et d'interrompre son interlocuteur tous les sept mots. Divers moyens existent, qu'il n'est pas nécessaire de tous maîtriser. Les auditeurs actifs en apprennent quelques-uns qui leur conviennent naturellement et n'oublient pas de les utiliser. Cela peut être un hochement de tête, ou « hum-hum » ou « je vois ». Un changement de posture physique comme pencher le buste en avant. Un sourire ou un mouvement de tête. Un contact visuel appuyé par un froncement de sourcils. Ce sont des moyens d'indiquer à la personne qui vous parle : « J'écoute attentivement ce que vous me dites. » Et lorsqu'il y a une pause, n'hésitez pas à poser une question en relation directe avec ce qui vient d'être mentionné. Ce qui compte, ce n'est pas la technique d'écoute choisie, qui ne devrait jamais être figée ou répétitive, mais d'avoir à l'esprit au bon moment quelques approches différentes. Votre interlocuteur sera lui-même plus heureux de vous parler.

Elmer Wheeler poursuivait la même idée, il y a deux générations, en rédigeant son livre sur la vente, *Vendez le grésillement, pas le steak !*. Un auditeur attentif se penche presque automatiquement vers vous. Il s'appuie sur vous mentalement pour écouter les mots que vous prononcez. Il vous accompagne en permanence, hochant la tête ou souriant selon le cas. Wheeler ajoutait : « Ce n'est pas un conseil réservé aux commerciaux, c'est une règle de bon sens pour réussir dans la vie sociale et professionnelle. »

« Un auditeur actif, dit Bill Makahilahila, vice-président des relations humaines chez SGS-Thomson, pose des questions et attend la réponse plutôt que de fournir immédiatement une solution. L'écoute active s'instaure quand un collaborateur ressent et sait sans le moindre doute que vous ne sautez pas aux conclusions. » Makahilahila pense que ce concept est tellement important qu'il a créé un prix de l'écoute active pour les cadres de SGS-Thomson. Il a formulé ce test pour déterminer la qualité d'écoute active :

1. Posez-vous des questions et attendez-vous les réponses ?
2. Répondez-vous rapidement et directement aux questions posées ?
3. Votre interlocuteur ressent-il votre écoute active ?

Chris Conway, un spécialiste en marketing d'assurances d'Omaha dans le Nebraska, élevait seul ses deux jeunes fils. Il apprit à *véritablement* écouter grâce à son fils aîné. Il raconte : « Dan fait partie d'un groupe de quinze adolescents qui rencontrent chaque semaine un couple plus âgé pour discuter de sujets d'actualité et des réactions des jeunes. Le couple sert à faciliter la conversation. J'ai demandé à Dan s'il aimait participer à ces échanges. Il en parla de façon étonnamment enthousiaste. Il mentionna qu'il remarquait, grâce à leur écoute attentive, à quel point les leaders du groupe étaient honnêtement intéressés par les jeunes. » Le père lui dit : « Dan, moi aussi je t'écoute. — Je sais, papa, mais tu es toujours en train de préparer le repas, de faire la vaisselle ou autre chose. Tout ce que tu me réponds, c'est oui, non ou j'y penserai. Tu ne m'écoutes pas vraiment. Les gens chez qui je vais me regardent et, le menton appuyé sur la main, m'écoutent vraiment. » Pendant les cinq semaines qui suivirent, Chris Conway s'attacha à écouter ses deux fils. « Je remplissais les assiettes de mes garçons, en ne mettant que quelques légumes dans la mienne. Quand ils me parlaient, je posais la fourchette, me tournais vers eux et j'écoutais. Résultat : j'ai perdu sept kilos ! Et nos dîners sont passés d'une moyenne de dix minutes à quarante minutes... »

Un environnement propice à la bonne écoute est un préalable nécessaire. Il est impossible d'écouter efficacement dans une ambiance de crainte ou de nervosité. C'est pourquoi les bons enseignants veillent à ce que leur salle soit aussi confortable et accueillante que possible. « Je sais personnellement que lorsque quelque chose me rend nerveuse, je n'écoute pas aussi bien, je m'occupe alors de moi-même, dit l'institutrice Barbara Hammerman. Si les enfants sont tendus et nerveux dans la salle de classe, ils ne sont pas disponibles pour écouter. »

William Savel, ancien président de Baskin-Robbins, fabricant mondial de crèmes glacées et yaourts, fut un jour envoyé au Japon par Nestlé pour s'occuper de marketing et de vente. « Ma première activité fut de visiter nombre de compagnies américaines ayant des succursales japonaises », raconte-t-il. Il apprit à parler japonais, logea dans des hôtels japonais, mangea la cuisine japonaise et fit tout ce qu'il put imaginer pour vivre à la japonaise. Il déclare : « Ce qui est important c'est d'écouter, véritablement, avant de se lancer et de raconter à chacun à quel point nous sommes doués. Il faut d'abord accepter de se sentir maladroit, apprendre à connaître les autres, converser, ne pas se croire supérieur. Se déplacer, parler à chacun, écouter très attentivement et ne pas se faire trop vite une opinion. »

Tous les êtres humains aiment être entendus,
Et réagissent bien à ceux qui les écoutent.

Ecouter est un des meilleurs moyens pour manifester notre respect des autres. Cela montre que nous les considérons comme des personnes importantes. C'est notre façon de dire : « Ce que vous pensez, ce que vous faites et ce que vous croyez est important pour moi. »

Paradoxalement, l'écoute de l'opinion d'un autre est souvent la meilleure méthode pour le gagner à notre propre point de vue. Secrétaire d'Etat du président Johnson, Dean Rusk le savait, après plusieurs dizaines d'années passées à négocier avec certains leaders politiques des plus coriaces au monde. *Ecouter est le moyen de persuader les autres avec vos oreilles.* C'est vrai ; écouter peut être étrangement puissant pour amener les autres à voir le monde comme vous le voyez.

« La véritable clé, déclare le banquier d'affaires Tom Saunders, c'est d'arriver à comprendre ce qui a de la valeur pour notre interlocuteur, sa façon de considérer les investissements et si nous pouvons, oui ou non, affirmer honnêtement que notre approche est juste et adaptée à son cas. » Saunders conseille de grandes sociétés sur des enjeux considérables. Sa technique fétiche ? Ecouter. Il déclare : « Tout revient à bien écouter. Qu'a réellement à l'esprit mon client ? Pourquoi a-t-il dit non ? Quelle en est la véritable raison ? J'ai eu pendant vingt-cinq ans une relation d'affaires fabuleuse avec ATT. Je crois qu'au fond, c'était dû à la qualité d'écoute. » Saunders poursuit : « Je peux fournir la brochure la plus attrayante, montrer de superbes transparents. Il reste que je dois découvrir ce qui intéresse mon prospect. Qu'a-t-il en tête ? A quoi pense-t-il ? Quelle est sa façon de voir les choses ? »

La première étape pour devenir un auditeur sérieux, actif, c'est de comprendre l'importance d'une bonne écoute. La deuxième c'est de vouloir apprendre. Finalement, il faut pratiquer.

« J'ai appris cela de façon désagréable, se rappelle Wolfgang Schmitt, directeur général de Rubbermaid, grand fabricant de produits domestiques. En passant par un divorce, quand j'étais jeune. Je pensais surtout à ma carrière. Pour éviter ce divorce, nous sommes allés voir un conseiller. C'était la première fois que je comprenais l'importance vraiment cruciale d'une bonne écoute. Je voulais sauver mon mariage, qui comptait beaucoup pour moi. Ce fut la première fois que quelqu'un me parla de façon aussi directe. Sur l'art d'écouter ? Pas seulement ; sur celui de comprendre intérieurement les sentiments des autres et d'y réfléchir ; et d'être capable de les restituer pour montrer combien ils comptent pour moi. »

Chez Motorola, de petites équipes de salariés sont encouragées en permanence à formuler leurs idées. Et les dirigeants de la société restent calmement à l'écoute. « J'ai écouté des centaines d'équipes me parler de problèmes et de solutions, explique Richard Buetow. Ces centaines de conversations ont construit l'avenir de l'entreprise. Ces discussions en groupes, en présence de dirigeants qui, la plupart du temps, se taisent, sont un moyen extraordinaire de généraliser l'écoute dans l'entreprise. »

Chez Analog Devices, Ray Stata a créé une méthode qu'il appelle la table ronde. Dans des réunions régulières, des groupes de salariés de toute l'entreprise sont invités à venir discuter, sans aucun interdit, avec Stata et d'autres dirigeants de la société, sur le thème général, devenu slogan interne, « Recréer Analog pour les années 1990 ». « Il ne s'agit pas simplement de répondre aux questions du personnel, explique Stata. Après un certain temps de discussion, je dis : "Maintenant, j'aimerais faire un tour de table et que chacun d'entre vous m'éclaire : quelles sont vos préoccupations actuelles ? Quelles sont vos suggestions ? Quelles situations voulez-vous améliorer ?" J'écoute et je prends beaucoup de notes. C'est ce que j'appelle écouter. Je rédige ensuite un mémo qui résume ce que j'ai entendu. »

Jo Booker assumait de nouvelles fonctions comme responsable de la démarche qualité chez Allegheny Ludlum, société d'import-export dans l'acier. Son enthousiasme se transforma rapidement en crainte. « Les dix-huit premiers mois, le programme avait démarré dans la plus grosse unité de l'entreprise, avec un accueil médiocre des deux mille salariés. La participation était volontaire. Comment pouvais-je obtenir des différents départements qu'ils prennent au sérieux le besoin d'améliorer la qualité ? Dans la plupart des cas, ils réussissaient déjà avec leurs propres techniques. » Après réflexion, Booker comprit qu'il devait convaincre le personnel qu'il était, au sein de l'équipe, à la fois compétent et susceptible de l'aider. Il lui fallait pour cela une grande qualité d'écoute. « J'ai commencé par la visite des six départements pour comprendre comment chacun considérait la qualité de ses produits. J'évitais toute discussion concernant le programme qualité et j'orientais les conversations sur le rôle de chacun. J'ai ainsi trouvé des alliés dans tous les départements et, avec leur soutien, j'ai encouragé les autres à s'engager dans ce défi mondial de la qualité. Aujourd'hui, notre usine a la plus forte mobilisation par comparaison aux autres de l'entreprise. Ses membres agissent vraiment envers l'atelier ou le département voisins comme envers un client. C'est un résultat direct d'une bonne écoute et d'une bonne communication entre les membres du personnel. »

David Luther a découvert cette même règle. « Une des premières questions que je me pose devant un plan de communication, c'est : au bout de combien de temps le mot *écoute* est-il mentionné ? La plupart de ces plans sont remplis de : "Je dois vous dire ceci" ou "Permettez-moi de vous dire cela", etc. » Luther a établi, chez Corning, un processus pour que l'écoute soit un véritable outil d'améliorations. Il explique : « Nous téléphonons à une usine en indiquant que nous voulons parler à deux groupes de quinze personnes pendant cinq heures. Lorsque nous y allons, le responsable du syndicat local et son assistant font habituellement partie de ces groupes. J'ai moi-même un assistant. Un membre du syndicat et moi-même nous occupons d'un groupe, mon assistant et l'autre syndicaliste du deuxième. Il y a donc deux personnes en face de chaque groupe de quinze.

« Voici le déroulement des questions : que s'est-il passé de positif au sujet de la qualité ? Rappelez-vous comment c'était ici il y a dix ans. Voulez-vous me dire ce qui s'est amélioré ? Nous notons cela au tableau. Puis : qu'est-ce qui ne va pas actuellement et qui nuit à la qualité ? Vous pouvez vous plaindre de tout, sauf de votre supérieur. Nous notons à nouveau. Cette seconde liste est alors réduite à dix ou douze points. Il y a toujours quelques doublons que nous éliminons. Nous votons ensuite pour choisir parmi ces points : chacun dispose de trois votes et lève la main au fur et à mesure de la lecture des rubriques pour les trois points qui lui semblent majeurs. Habituellement, parmi les douze, six points n'ont aucune voix et deux ou trois points se trouvent plébiscités. Nous travaillons donc sur ceux-là.

« Ensuite, nous rassemblons les deux groupes. Nous faisons venir la direction de l'usine. Un porte-parole de chaque groupe se lève et résume ce qui a été dit dans son groupe. Par exemple, pour le premier groupe : "Nous ne comprenons pas ce que pense le directeur de l'usine", et pour le second groupe : "Le directeur de l'usine ne communique pas avec nous." Même le directeur le plus obtus comprendra qu'il a un vrai problème avec son personnel. Cela ressort immédiatement, nul besoin d'envoyer des questionnaires, de les évaluer, ni de les renvoyer. Le problème se manifeste en direct, avec des équipes qui ne savent pas ce que va mentionner l'autre. Nous avons fait cela au moins cinquante fois. »

Ce sont des méthodes merveilleuses. Beaucoup d'autres ont été mises en œuvre dans des entreprises bien menées. Retenons que les deux mêmes principes les sous-tendent :
1. Ecouter est la meilleure façon d'apprendre.
2. Les gens réagissent favorablement à qui les écoute.

Il est tout simplement vrai que chacun aime être écouté. C'est vrai dans le monde des affaires, au foyer, et de tous ceux que nous rencontrons dans la vie.

« Le secret pour influencer les autres n'est pas tellement de savoir bien parler mais de savoir bien écouter, écrit Dale Carnegie. La plupart des gens essaient de gagner les autres à leur point de vue en parlant trop eux-mêmes. Laissez les autres s'exprimer à loisir. Ils connaissent mieux leurs affaires et leurs problèmes que vous. Posez-leur donc des questions. Laissez-leur vous dire ce qui ne va pas. Si vous n'êtes pas d'accord avec eux, vous serez tenté de les interrompre. Mais ne le faites pas. C'est dangereux. Ils ne vont pas vous écouter s'ils ont encore en eux beaucoup d'idées à exprimer. Ecoutez donc patiemment, l'esprit ouvert. Soyez sincère. Encouragez-les à exprimer pleinement leurs idées. » Ils ne l'oublieront pas. Et vous apprendrez certainement une ou deux choses.

▶ 6 ◀

**Nul n'est plus persuasif
qu'un auditeur attentif.**

CHAPITRE 7

FAITES ÉQUIPE POUR DEMAIN

Adoph Seltz directeur des ventes d'une concession automobile à Philadelphie, participait à l'un de mes stages : il avait besoin de regonfler l'enthousiasme de ses vendeurs, découragés et désorganisés. Lors d'une réunion, il les pria de lui dire clairement ce qu'ils attendaient de lui. Au fur et à mesure, il nota leurs idées au tableau, puis leur dit : « Je vous promets de faire ce que vous attendez de moi. Maintenant, dites-moi ce que je peux attendre de vous. » Les réponses fusèrent : « Loyauté, honnêteté, initiative, optimisme, travail en équipe, huit heures par jour de travail soutenu... » La réunion se termina dans un esprit nouveau, de courage et d'initiative. Un des vendeurs proposa même de travailler quatorze heures par jour. M. Seltz dit que l'augmentation du chiffre d'affaires fut spectaculaire. « Mes hommes ont fait une sorte de pacte moral avec moi et, tant que de mon côté je remplirai mes obligations, ils seront prêts à honorer les leurs. Les consulter sur ce qu'ils désiraient, voilà la stimulation dont ils avaient besoin. »

DALE CARNEGIE

Il fut un temps où les grandes entreprises étaient pyramidales. Les ouvriers à la base et, au-dessus, différentes strates de maîtrise et d'encadrement, chacun ayant plus d'autorité que le précédent. La structure s'élevait en pointe jusqu'au directeur général, au président, au conseil d'administration. Etait-ce le meilleur moyen d'organiser une entreprise, un hôpital, une école ? Il semble que personne ne se posait la question. La vieille pyramide était immuable : solide, impressionnante et peu perméable au changement. Cela surprend peut-être, mais les pyramides dégringolent. Comme si les esclaves de l'ancienne Egypte décidaient de repartir avec les pierres qu'ils avaient apportées. Le nouveau paysage ne sera jamais aussi plat que le Sahara, mais il sera beaucoup plus horizontal que par le passé. Toutes ces hiérarchies rigides, ce cloisonnement, ces structures complexes de commandement étouffaient la créativité. Qui peut se permettre cela dans un monde qui bouge si vite ?

« Regardez ce qui est arrivé à la hiérarchie de l'ancienne U.R.S.S., lance Richard Bartlett, vice-président de Mary Kay Corporation. Le même phénomène se produira probablement en Chine. Cette structure ne marche ni pour les gouvernements ni pour les conglomérats. Les plus grandes entreprises américaines n'ont pas tenu compte de cette désintégration. »

Nous avons besoin d'une structure qui rejette la rigidité d'hier, pour permettre à ses membres d'agir de façon créative et de développer les talents restés en friche depuis des années. Dans les entreprises bien menées, la réponse se trouve de plus en plus dans la notion d'*équipes* : on demande aux individus de dépasser les limites de leurs connaissances, de leur culture et de leur niveau hiérarchique dans les deux sens. « L'organisation moderne ne peut plus être du type patron/subordonné, affirme le théoricien Peter Drucker, professeur de management à l'université de Claremont en Californie. Elle doit être organisée en équipes. » André Navarro, président de Sonda au Chili, renchérit : « Faire cavalier seul n'est plus possible. Le monde est trop compliqué pour qu'une personne seule mène à bien une invention. Il faut se mettre à plusieurs, de disciplines différentes, pour travailler ensemble en même temps. »

On rassemble des personnes venant de différents secteurs de l'entreprise, pour des projets durables ou ponctuels, tels que créer un nouveau produit, réorganiser une usine, restructurer un département, accélérer un programme qualité. Les anciennes rivalités entre départements s'estompent. Diminuent également les promotions systématiques, les salaires à l'ancienneté et autres vestiges frustrants de la pyramide. Dans les sociétés pyramidales, les ingénieurs passaient leurs journées entre eux. Maintenant, un ingénieur peut très facilement être catapulté dans un groupe de vendeurs avec une mission du type : « Aider à rendre ce produit plus attractif pour le client », ou encore : « Trouver un système de production plus rapide pour cette pièce » ou « Aider l'équipe marketing à dépasser un problème technique ». Résultat de ces équipes transversales, le service marketing écoute vraiment le service technique et vice versa. Ce qui, bien souvent, n'était pas le cas auparavant. La production, le service clients, les ressources humaines et d'autres départements se mettent à communiquer vraiment. Dans certaines sociétés d'avant-garde, ces divisions artificielles commencent même à disparaître.

Comme l'explique Peter Drucker, « le monde n'est plus fait de soldats et d'adjudants. L'armée, qui obéissait au système d'ordres et de contrôles, a servi de modèle aux entreprises et à la plupart des institutions, écrit-il. Actuellement, les changements sont très rapides. Comme de plus en plus d'entreprises deviennent des réseaux d'information, elles se transforment en équipes, comme au football, c'est-à-dire en centres de responsabilité où chaque membre doit agir en tant que décisionnaire et se considérer comme responsable ».

Voyez la façon dont la société Mary Kay est organisée : « La structure de l'entreprise est une forme libre, déclare le vice-président Richard Bartlett. Je la considère volontiers comme une structure moléculaire dans laquelle chacun peut traverser toutes les barrières artificielles. Personne n'est coincé dans une case. Chacun peut participer à des équipes créatives interservices. Et, comme c'est de plus en plus admis, la cliente domine l'ensemble. La force de vente vient juste après. Voilà notre conception. Notre organisation est essentiellement tournée vers le soutien de cette force de vente. Et au bas de l'organigramme se trouve un point vert presque insignifiant. Dès ma première présentation avec diapositives sur la structure de l'entreprise, le graphiste avait placé là ce point vert, se souvient Bartlett. Ce point vert insignifiant, c'est moi ! Je considère qu'un directeur est inutile s'il n'est pas réellement au service des autres, s'appliquant à fournir des moyens au personnel productif. »

« Les entreprises sont réellement en train de se restructurer, déclare Adele Scheele, dont les articles sur la gestion de carrière paraissent régulièrement dans les revues d'affaires américaines et japonaises. Ce qui marchait dans le passé ne marche plus maintenant. Chacun s'attendait à avoir un chemin bien tracé, mais ce n'est plus le cas. Plus on persiste à le croire, moins on fera preuve de souplesse et de disponibilité pour saisir les occasions imprévues. »

Ces organisations planes apparaissent dans des secteurs surprenants, et même dans le monde de l'éducation. Selon Marc Horowitz, principal de l'école primaire Cantiague à Jericho dans l'Etat de New York : « Les directions sont beaucoup plus horizontales et il existe un besoin réel de bâtir des équipes, de les guider et de les motiver. Dans bien des cas, il n'est pas question de titre, de rémunération, ni d'avantage financier. Ce qui compte, c'est la performance de l'équipe. » Dans cette école, les élèves ne travaillent plus seuls, attablés en rangées. Ils coopèrent, travaillent en équipes et élaborent des projets communs. On attend des élèves qu'ils s'entraident. Les professeurs fonctionnent également de façon plus coopérative. Voici la question qui compte maintenant : « Comment agir ensemble et décrocher des résultats dans le monde du travail ? » « Nous préparons les élèves pour l'avenir, explique Horowitz. Ils ne doivent plus travailler seuls. Ils doivent être inclus dans un effort d'équipe et la moitié du processus consiste à apprendre à encourager ceux qui progressent moins vite. Ils ne devraient jamais se sentir dévalorisés parce qu'ils commettent des erreurs ou ne connaissent pas toutes les réponses. » Un jour, trois écoliers avaient un projet à réaliser ensemble. L'un des enfants devait écrire le mot « deux » sur un morceau de papier. Par erreur, il écrivit « doux ». Quand une petite fille du groupe lui montra sa faute, le garçon se sentit un moment mal à l'aise. Mais la petite fille dit : « Ne t'inquiète pas, je vois que tu t'es un peu trompé. Mais l'écriture de ton *d* était très belle ! » Elle ajouta une petite tape amicale sur le genou et ce fut pour les trois une bonne leçon de travail en équipe.

La faculté de marketing de l'université Harvard organisa récemment une expérience de travail en commun avec ses étudiants de première année. Au lieu de l'habituel examen sous forme d'étude de cas, les étudiants furent répartis au hasard en équipes de quatre. Chaque équipe avait un problème d'entreprise à résoudre et vingt-quatre heures pour apporter un plan écrit. Tous les membres d'une équipe recevraient la même note. « Au départ, il y eut beaucoup de critiques, raconte le professeur John Quelch.

Certains étudiants se plaignirent que les notes individuelles seraient affectées de façon négative par les autres membres d'un groupe qu'ils n'avaient pas choisi. » Et voici quelle fut la réponse de l'université : « Bienvenue dans le monde de la réalité ! » Les étudiants de Harvard se mirent au travail. Quand leur journal enquêta sur cette expérience, les opinions furent dans une très large mesure en faveur de ce nouvel examen par équipes. « La prise de conscience la plus significative, déclare Quelch, eut lieu dans les équipes qui n'étaient pas réglées comme du papier à musique. Certains groupes donnèrent lieu, en effet, à de violentes controverses et, rétrospectivement, c'est dans ceux-là que les étudiants apprirent le plus. »

Un travail efficace en équipe ne se produit pas comme par magie. Cela requiert un groupe de joueurs coopératifs et un entraîneur de talent. On ne peut pas simplement regrouper quelques individus, même talentueux, et s'attendre à ce qu'ils fonctionnent brillamment. C'est pourquoi une équipe de vedettes participant à un championnat national de basket est souvent décevante. Pourquoi, lorsque s'affrontent les meilleurs joueurs, champions à titre individuel, cette pléthore de talents produit-elle rarement un match exceptionnel ? Trop d'égocentrisme. Trop de vedettariat. Trop de reportages flatteurs dans les journaux sportifs. Quand il s'agit de jouer ensemble, ces superstars ne sont pas à la hauteur, faute d'un travail d'équipe. Bâtir des équipes qui gagnent est tout un art. Même un excellent entraîneur crée rarement d'un coup une équipe gagnante. Mais celui qui veut être un leader dans l'avenir a intérêt à maîtriser quelques techniques fondamentales pour un entraîneur. Elles sont aussi nécessaires dans le monde des affaires que sur un terrain de basket.

Créez le sentiment partagé d'un but commun. Les personnes qui œuvrent ensemble peuvent accomplir de grandes choses. Ce qui donne à une équipe cette impulsion particulière, c'est une vision concertée de ses membres. Les idées, la créativité, les éclairs d'intelligence devront tôt ou tard sortir du groupe lui-même. Mais un leader solide est souvent nécessaire pour galvaniser toute cette énergie, pour définir la perspective, établir des objectifs, aider chacun à bien comprendre l'esprit de l'équipe et montrer aux coéquipiers à quel point les actions de chacun auront un retentissement à l'extérieur.

Ray Stata, président d'Analog Devices, déclare : « C'est à vous de créer l'ambiance autour du projet d'entreprise et d'encourager, pour que les individus en tant que tels et en tant que membres d'une équipe se sentent exceptionnels, meilleurs que toute autre équipe et que cela soit confirmé par des marques d'estime de la direction. »

Faites que les objectifs soient des objectifs d'équipe. A moins que toute l'équipe ne gagne, personne ne gagne. Ce concept, bien connu dans le monde du sport, se vérifie pour n'importe quelle équipe. Les records individuels sont intéressants pour l'histoire, mais souvent secondaires. Ce qui compte beaucoup plus, c'est ce qu'accomplit toute une équipe. « Lorsque vous obtenez une implication forte et que les personnes s'épaulent les unes les autres, c'est contagieux, déclare Wolfgang Schmitt, de l'entreprise Rubbermaid. Vous devenez comme un membre d'une équipe sportive plutôt que l'exécutant d'un travail isolé. Cela crée tout simplement une grande différence dans le niveau d'énergie apporté au travail. »

C'est pourquoi la plupart des bons entraîneurs et des bons leaders parlent souvent à la première personne du pluriel : *nous* avons besoin de..., *notre* date limite..., le travail qui *nous* attend... Les bons leaders soulignent toujours à quel point compte la contribution de chacun. Dans l'entreprise, pour réussir le lancement d'un nouveau produit sur le marché, si le directeur marketing fait des prodiges, mais que le spécialiste du packaging ne suit pas, c'est l'échec probable. Sur un bateau, pour éviter la tempête, si le navigateur connaît les étoiles comme sa poche, mais que le barreur confond babord et tribord, c'est l'échec probable. En politique, pour gagner une élection, si le candidat s'exprime de façon remarquable, mais que son équipe ne lui donne pas l'occasion d'intervenir, c'est l'échec probable.

Occupez-vous de chacun individuellement. Lorsque des personnes forment une équipe, leur individualité ne s'efface pas soudainement. Elles gardent leur personnalité. Elles gardent des aptitudes différentes, des craintes et des espoirs différents. Un leader de talent reconnaîtra ces différences, les appréciera et les utilisera pour le bien de l'équipe. Individuellement.

C'est comme cela que Bela Karolyi, entraîneur de gymnastes de renommée internationale, les préparait pour les jeux Olympiques. « Si je n'arrivais pas à faire ce qu'il voulait, rappelle la championne Mary Lou Retton, il m'ignorait. J'aurais préféré être réprimandée, je vous assure. » Mais Karolyi était suffisamment astucieux pour savoir que son approche convenait parfaitement au caractère de la jeune gymnaste. « Je me préparais à une figure, raconte-t-elle. Les mains levées, je me retournais. Il regardait la suivante, prête à se lancer, alors que je voulais tellement attirer son attention. Je voulais qu'il me dise : "C'était bien, Mary Lou." A sa façon, il m'incitait à faire les corrections nécessaires pour mériter ses éloges. » Karolyi était-il dur ? Pas du tout. Avec d'autres athlètes, il utilisait une technique totalement différente. Mary Lou n'oubliera jamais celle qu'il utilisa envers sa camarade, Juliane McNamara. « Sa personnalité était très différente de la mienne, dit-elle. Elle était plus timide, plus réservée, et il était très doux avec elle. Si elle n'arrivait pas à se corriger, il l'aidait à se placer, lui parlait doucement et était toujours aimable avec elle. Voilà comment il obtenait des résultats remarquables. Il traitait les gymnastes différemment selon leur personnalité. »

Rendez chaque équipier responsable du résultat de l'équipe. Chacun a besoin de sentir que sa contribution est déterminante. Sinon, il n'apporte pas son attention totale. Faites que le projet soit celui de l'équipe. Faites que la plupart des décisions émanent du groupe, autant que possible. Encouragez la participation, ne dictez pas vos solutions, n'insistez pas pour que les choses soient obligatoirement faites exactement à votre manière.

L'entreprise Jaycraft avait un problème. Son plus gros client exigeait la livraison de sa commande à une date qui paraissait impossible à tenir. Doug Van Vechten, le président de la société, aurait pu dicter lui-même une solution, mais, plus avisé, il demanda à une équipe d'étudier ce qu'il fallait faire. « Ils revinrent me voir en disant : "Nous pouvons accélérer telle et telle méthode pour tenir le délai. Nous y arriverons !" et Jaycraft livra la commande à temps. »

Partagez les honneurs, acceptez les blâmes. Quand l'équipe fonctionne bien et réussit, il est de la responsabilité du leader d'en faire profiter tous les équipiers. Des félicitations publiques, un bonus, un article dans le journal d'entreprise, quelle que soit la forme de la mise en valeur, chacun devrait en recevoir une bonne part.

Denis Potvin, ancien capitaine de l'équipe de hockey baptisée New York Islanders, sut partager les honneurs quand son équipe gagna la coupe nationale. Quelques secondes après le coup de sifflet final, l'entraîneur Al Arbour lui glissa à l'oreille, au cas où il l'aurait oublié : « Veillez à ce que tous brandissent bien la coupe ! » Al avait couru sur la glace pour rejoindre l'attroupement des gagnants qui se félicitaient. Potvin explique : « Je me suis retourné, Al était là et nous nous sommes jetés dans les bras l'un de l'autre. C'est à ce moment qu'il m'a donné ce conseil. J'étais très impressionné : il contrôlait parfaitement la situation, en pensant à ses joueurs, alors même qu'on venait de gagner la coupe, dès sa première saison comme entraîneur ! »

Tout le monde apprécie d'avoir sa part de félicitations, se sent encouragé à fournir de plus grands efforts et désire travailler à nouveau avec un leader qui a montré le chemin du succès. Un autre bienfait de cette attitude généreuse, c'est que finalement le leader reçoit de toute façon une large part du mérite. Mais, à l'heure de blâmer, soyez avisé et prenez l'attitude exactement contraire. Ne montrez personne du doigt, ne vous plaignez pas publiquement du maillon faible de la chaîne. Endossez la responsabilité et acceptez les réclamations quelles qu'elles soient. Discutez ensuite avec les membres de l'équipe de la façon dont les résultats pourraient être améliorés et encouragez-les à mieux faire à l'avenir.

Saisissez toutes les occasions de bâtir la confiance de l'équipe. Un bon leader aura vraiment foi en son équipe et partagera cette foi avec tous ses membres. C'est une leçon que Barbara Hammerman, aide maternelle, utilise dans son école, et cela s'applique tout aussi bien dans l'usine ou au conseil de direction. Elle explique : « J'essaie de construire un esprit de groupe dans la salle de classe. Les enfants ont le sentiment de faire partie de la meilleure classe et ne veulent pas décevoir. Un pour tous et tous pour un. Certains principes sont établis, énoncés et soulignés régulièrement toute l'année. Les enfants les comprennent, sans se laisser impressionner. Ils sont ravis d'adhérer à ces principes parce qu'ils se sentent"super". Qui refuserait de faire partie d'un super-groupe ? poursuit Barbara Hammerman. Quand ils sont complimentés par les autres, les élèves commencent à voir leurs progrès et sont tout simplement très contents d'eux. »

Soyez impliqués, restez impliqués. Dans les vieilles entreprises pyramidales, il était facile pour le patron de rester relativement distant. Après tout, une armée de courtisans était toujours prête à informer les troupes des dernières paroles de sagesse de la direction. Cette approche n'a plus cours dans le monde du travail en équipe. Un bon leader doit être impliqué et doit rester impliqué. Voyez ce leader, commandant sur le pont d'un porte-avions en pleine action. Des avions atterrissent, d'autres décollent. Le navire doit garder son cap et se protéger des attaques. Toutes ces considérations doivent être assimilées en même temps.

En réalité, le leader se doit d'*être présent*. « Il faut avoir de l'expérience et écouter, déclare Jack Gallagher, président du North Shore University Hospital à Manhasset. Mais avec le temps, l'expérience, une bonne dose de travail et de l'intelligence, alors vous comprenez au vol tout ce qui se passe autour de vous — comme pour les avions qui décollent et qui appontent. » Certes, il n'est pas toujours possible d'établir un plan de bataille précis. D'après Gallagher : « Vous devez utiliser votre intuition et sortir vos antennes. Il se passe tant de choses et c'est si complexe que vous devez développer cette capacité intuitive. »

Soyez un mentor. La mission du leader consiste à développer et à renforcer les talents des membres de son équipe. C'est nécessaire à court terme, quand les équipiers accomplissent leur travail, mais aussi à long terme, car les leaders doivent se montrer véritablement responsables de la vie et de la carrière des membres de leur équipe. « Sur quel point voulez-vous vous améliorer ? Dans quel sens voulez-vous orienter votre carrière ? Quelles nouvelles responsabilités aimeriez-vous prendre ? » Il vous appartient, en tant que leader, de poser toutes ces questions et d'utiliser vos connaissances et votre expérience pour aider les membres de l'équipe à atteindre leurs objectifs.

Renforcez la confiance que vous avez en leurs capacités. Donnez-leur des principes à respecter. Complimentez-les sincèrement en public : « Suzanne a présenté ce rapport de façon remarquable. » Envoyez des petits mots : « Vous avez fait aujourd'hui une remarque excellente, vous nous avez tous ramenés au cœur de la question. » Et rappelez-vous que lorsqu'ils réussissent, vous réussissez.

A la Graduate School of Business Administration de l'université Harvard, les animateurs de cas ne sont pas laissés à eux-mêmes. « Les sept ou huit animateurs de notre cours d'initiation au marketing se rencontrent quatre heures par semaine pour discuter des sujets proposés et de la meilleure façon de les enseigner, explique le professeur John Quelch. Ils passent aussi en revue la façon dont les cas ont servi la semaine précédente, les améliorations à apporter, etc. De cette façon, les nouveaux animateurs bénéficient des avis des plus expérimentés. Les anciens de la faculté apportent également d'autres formes de soutien : trois ou quatre fois par semestre, l'un d'eux assiste au cours d'un nouvel intervenant. Son but est d'aider, non de juger. Il s'agit là surtout d'un rôle de formateur, explique Quelch, plutôt que de censeur à des fins d'évaluation. Le but est d'augmenter la valeur de l'atout — le nouveau membre — dans lequel la faculté a investi. Après le cours, le professeur de la faculté fournit des conseils pour des améliorations à court et à long terme. Ce que je dis personnellement, continue Quelch, c'est, par exemple : "Voici cinq choses que vous pouvez faire la prochaine fois pour améliorer votre impact sur le groupe." Les suggestions peuvent être aussi simples que d'écrire plus grand au tableau, ne pas rester figé devant et aller dans la salle avec les étudiants pour vivre cette expérience avec eux. »

Comme l'écrivait, à la mort de Franklin Roosevelt, le célèbre journaliste Walter Lippmann : « La marque décisive d'un leader, c'est qu'il laisse derrière lui, chez d'autres personnes, la conviction et la volonté de persévérer. »

Suivez ces quelques techniques simples, vous verrez que votre équipe réussira. La plus grande récompense pour un leader, le plus grand legs qu'il puisse transmettre, c'est un groupe de personnes ayant le talent, la confiance et le sens de l'équipe nécessaires pour devenir elles-mêmes des leaders.

▶ 7 ◀

Les bons équipiers sont les leaders de demain.

CHAPITRE 8

RESPECTEZ LA DIGNITÉ DES AUTRES

Chrysler avait construit une voiture spéciale pour le président Franklin Roosevelt qui, paralysé des jambes, ne pouvait pas utiliser une voiture habituelle. Un dénommé W. F. Chamberlain, accompagné d'un mécanicien, la livra à la Maison-Blanche. J'ai sous les yeux une lettre dans laquelle Chamberlain relate cette expérience.
« *J'ai montré à M. Roosevelt comment on manie une voiture compliquée, mais il me montra, lui, comment on manie les hommes ! Quand je me suis présenté à la Maison-Blanche, le président me reçut très aimablement. Il me salua par mon nom, me mit à l'aise et me fit sentir qu'il se passionnait pour mes explications. La voiture était conçue pour être commandée entièrement à la main. Tout un groupe s'approcha pour l'examiner. M. Roosevelt dit alors : "C'est merveilleux. Il suffit de toucher un bouton et la voiture se met en marche, elle se conduit sans effort. C'est splendide... Je ne sais pas comment tout fonctionne et j'aimerais avoir le temps de la démonter pour l'étudier !"*
Ses amis et collaborateurs admirèrent l'engin et, devant eux, le président me dit : "J'apprécie beaucoup les efforts que vous avez faits pour mettre au point cette mécanique. C'est du beau travail." Il admira le radiateur, le rétroviseur, la pendule, la lumière intérieure spécialement conçue, le capitonnage, la position du siège du conducteur, les valises dans le coffre qui portaient chacune son monogramme... En fait, il nota tous les détails que j'avais, il s'en doutait, étudiés avec un soin particulier. Il ne manqua pas de les faire remarquer à Mme Roosevelt,

à son ministre du Travail et à sa secrétaire. Il ajouta même,
s'adressant au porteur : "George, vous prendrez bien soin
des valises !" Après la leçon de conduite, le président se
tourna vers moi et me dit : "Eh bien ! M. Chamberlain, voilà
trente minutes que je fais attendre le conseil de la Banque
fédérale. Il faut que je retourne au travail !"»

DALE CARNEGIE

Don Monti avait seize ans quand sa famille reçut
la terrible nouvelle : Don était atteint de leucémie et,
selon les médecins, n'avait que deux semaines à
vivre. « Nous étions dans sa chambre à l'hôpital,
évoque sa mère, juste après le diagnostic. Nous faisions très attention à ne pas dire qu'il avait une maladie fatale. Nous avions demandé au Dr Degnan de ne
rien dire et nous avions prévenu la réception. » Ce
soir-là, les parents de Don décidèrent de passer outre
à une quinzaine de règlements de l'hôpital et prépa-
rèrent pour leur fils un repas dans sa chambre. « Il
aimait les spaghettis à la bolognaise. Nous avions
fermé la porte et réchauffions ce plat. Tout à coup,
on a frappé à la porte et Tom Degnan est entré. J'ai
retenu ma respiration en me demandant ce qu'il
allait dire. Le médecin a regardé et déclaré : "C'est
un de mes plats favoris !" Il s'est assis et s'est laissé
servir, sans jamais nous faire ressentir la moindre
culpabilité. » En entrant dans la chambre, il aurait
pu dire bien des choses condescendantes, comme :
« Avez-vous lu le règlement de l'hôpital ? » ou :
« Vous n'avez pas le droit de cuisiner dans la
chambre ! » Mais il avait respecté la dignité du
patient et de sa famille. Il n'avait fait état d'aucune
supériorité et s'était joint à eux, simplement, avec
humanité.

La seule façon d'établir des relations de confiance,
c'est de respecter la dignité des autres.

Burt Manning, président de J. Walter Thompson, la célèbre agence de publicité, s'adressait récemment à un auditoire de jeunes journalistes. Agés de vingt à trente ans, ils commençaient leur carrière dans ce métier très compétitif et souvent impitoyable. Ils voulaient apprendre quelques trucs d'un grand spécialiste comme Manning qui, depuis leur naissance, avait réussi à rester l'un des grands leaders du secteur. « L'intelligence, le talent et l'énergie sont simplement un ticket d'entrée pour la course, déclara Manning à son auditoire, particulièrement attentif ce jour-là. Sans cela, vous ne pouvez même pas entrer. Mais ces talents sont loin d'être suffisants. Pour gagner, dit-il, il vous faut plus. Pour gagner, vous devez *connaître le secret et le vivre.* C'est aussi simple que cela. Quel est ce secret magique ? Le voici : *traitez les autres comme vous voudriez qu'ils vous traitent.* »

Authentique ! La Règle d'Or au beau milieu de Madison Avenue ! Les raisons de Manning ne relevaient pas de la religion, de l'éthique, de la satisfaction personnelle ou de la différence entre le bien et le mal, même s'il déclarait aux jeunes journalistes que toutes ces raisons étaient parfaitement valables pour suivre son conseil. Il leur donna une autre raison : « La Règle d'Or donne des résultats. Même si vous êtes le moins altruiste du monde, si vous ne vous préoccupez que de votre propre intérêt, de votre argent, de votre prestige, de votre promotion, déclara ce magnat de la publicité, le moyen le plus sûr de tout obtenir, c'est de respecter, sans en dévier, la Règle d'Or. »

Le chef d'entreprise, le professeur dans sa classe, le cadre de marketing ou l'employé du supermarché seront tous plus efficaces, accompliront davantage et se sentiront mieux dans leur peau s'ils peuvent simplement maîtriser cette règle simple, immémoriale :

traitez les autres comme vous voudriez qu'ils vous traitent. Ou, de façon plus moderne : *montrez aux autres que vous les respectez, ils vous respecteront en retour.*

De moins en moins réductible à un club masculin, le monde actuel est plus intégré, plus diversifié qu'il y a une génération, surtout dans le monde des affaires : aujourd'hui, l'équation comprend les femmes, bien sûr, mais aussi les handicapés, les personnes de toutes races et ethnies, les homosexuels. La réussite dans cet environnement nécessite de pouvoir se comporter aisément avec chacun, quels que soient son sexe, son origine, sa culture, son éducation. « Seulement 15 % à 20 % des personnes entrant dans le monde du travail aux Etats-Unis au XXIe siècle ne seront ni des femmes, ni des immigrés, ni des membres de minorités, prédit James Houghton, président de Corning. Si vous ne voulez pas vous passer de 85 % des talents disponibles, il est donc indispensable de diversifier rapidement votre recrutement ! »

Le meilleur moyen pour commencer à respecter une autre culture, c'est de l'étudier. Cela faisait partie de la motivation d'Arthur Ashe pour choisir le tennis professionnel : « Je savais que ce métier me ferait beaucoup voyager, et c'est ce que je souhaitais vraiment. Je voulais visiter le monde et voir ce que j'avais lu dans le *National Geographic Magazine*. Cette occasion d'apprendre faisait mon bonheur. En y réfléchissant maintenant, déclarait-il dans une interview peu avant sa mort, il y a, parmi mes plus beaux souvenirs, les échanges que j'ai eus avec des personnes très variées, de cultures très diverses. En fait, dans les voyages, deux conceptions s'affrontent. Soit voir de haut les autres cultures, en prenant la sienne pour référence, même en présence d'une civilisation plus ancienne ; sa technologie, certes, peut laisser à désirer par rapport à la vôtre et vous pouvez penser que votre système est meilleur. Soit reconnaître que, malgré des conditions physiques et un genre de vie difficiles, ces peuples anciens ont hérité de grandes richesses religieuses ou culturelles, ont survécu dix mille ans et doivent donc connaître beaucoup de choses. Je préfère de loin cette seconde approche. »

Même les nations les plus voisines se voient de façon très différente. Ces différences doivent être reconnues, respectées, et non méprisées. Helmut Krings, vice-président allemand pour l'Europe centrale de Sun Microsystems, a découvert cela en voyageant régulièrement entre l'Allemagne et la Suisse. « J'évite les comparaisons, dit-il. J'évite toute référence à l'Allemagne. Ce que les gens détestent le plus, c'est la référence constante à ce que vous faites chez vous, suggérant qu'ils n'agissent pas de la meilleure façon dans leur pays. »

Tous les peuples veulent que leur culture et leur langue soient respectées. C'est naturel. Melchior Wathelet, vice-Premier ministre de Belgique, a grandi dans une famille belge d'expression française. Tôt dans sa carrière politique, il décida de combler une lacune en apprenant le flamand, l'autre langue officielle. Il devint le premier politicien belge d'expression française à s'exprimer couramment dans les deux langues nationales. Il montra par là son respect de tous ses concitoyens. Il devint un symbole national d'unité, ce qui accéléra sa carrière politique. Il avait appris à tenir compte des diversités.

Comment faire pour accepter aisément la diversité au conseil d'administration d'une entreprise, dans une université, dans un bureau de vente local, dans une organisation bénévole, dans les instances gouvernementales ?

La première étape est simple : *mettez-vous à la place de l'autre*. C'est un être humain qui vit et respire tout comme vous, qui a ses contraintes familiales, veut réussir et veut être traité, comme vous, avec dignité, respect et compréhension.

« Ce qui est capital, explique Thomas Doherty, président de la Fleet Bank, c'est la façon dont les personnes sont traitées au quotidien. Chacun veut être reconnu en tant qu'individu. C'était vrai quand j'ai débuté dans la banque, il y a trente ans, et je pense que ce sera encore vrai dans cent ans. Simplement parce que nous sommes tous des êtres humains. Ce qui compte, c'est de traiter les gens avec respect et ne pas oublier des petites choses telles que "bonjour" et "merci". J'ai le sentiment que c'est à la direction qu'il incombe de créer une ambiance dans laquelle les personnes peuvent fonctionner à leur niveau le plus élevé. »

Cette ambiance de performance s'instaure là où chacun se sent respecté et traité en tant que personne. Elle est absente là où on se sent un numéro.

La plupart de ceux qui réussissent ont appris, au fil des années, que faire sentir aux autres leur importance vient rarement d'un seul geste ou même de quelques gestes spectaculaires. C'est l'effet de nombreuses petites touches.

Adriana Bitter, chez Scalamandré Silks, a expérimenté la puissance de ce constat. Les temps étaient durs dans l'industrie textile à la fin des années 1980 et au début des années 1990, mais l'entreprise a survécu par la coopération de ses employés. « Nos collaborateurs ont été étonnants pendant cette période, explique-t-elle. Franchement, ils ont été fantastiques. Grâce à notre attention constante. Sans elle, pourquoi nous donneraient-ils autant en retour ? Il faut donner pour recevoir. C'est, en tout cas, notre philosophie. »

Comment créer cette réciprocité ? En manifestant respect et sympathie envers les personnes qui travaillent avec vous, en les considérant comme des êtres humains et non comme des bêtes de travail. Ainsi, Mme Bitter reprit un jour un intervenant extérieur qui parlait des « ouvriers » alors que, ici, dans cette usine, ils étaient tous artisans. La porte du bureau d'Adriana Bitter reste toujours ouverte, même pour accueillir un artisan torse nu lorsqu'il a, par exemple, un problème de teinture. Enfin, Adriana Bitter a appris à parler espagnol, pour mieux communiquer avec ses employés.

Chez New York Life — secteur très différent —, Fred Sievert applique des principes similaires : dans l'assurance, les petites touches font aussi toute la différence. Dans ce métier, les agents *sont* la compagnie. Si les agents ne vendent pas, elle sombre rapidement. C'est aussi simple que cela. Il y a des années, Sievert travaillait pour Maccabee, une société internationale d'assurances. Celle-ci s'installa dans un nouvel ensemble de bureaux avec plusieurs autres sociétés. Sievert voulait s'assurer que les touches personnelles ne disparaîtraient pas dans le réaménagement. Sa première démarche dans le nouveau bâtiment fut pour le bureau d'accueil. « J'ai rassemblé les dix chargés de l'accueil — qui ne savaient même pas que nous nous occupions d'assurances — en leur disant : "Nos agents sont pour nous très importants et, quand l'un d'eux vient ici, je vous prie de l'accueillir au mieux, en l'accompagnant jusqu'au septième étage pour trouver son correspondant." Je reçus plus tard des échos élogieux de plusieurs agents sur la façon dont ils avaient été reçus. »

Ces petites touches concourent à bâtir un tout : que chacun se sente bien. Les personnes qui croient que leur entreprise se préoccupe d'elles et comprend leurs besoins travaillent mieux pour que soient atteints les objectifs de l'entreprise.

Dale Carnegie racontait volontiers l'histoire de Jim Farley, le directeur de campagne de Franklin Roosevelt. Farley s'arrangeait pour retenir et utiliser le nom de toutes les personnes qu'il rencontrait et il gardait en mémoire des milliers de noms. Dans l'organisation de la campagne de Roosevelt pour sa réélection, Farley voyageait en bateau, en train et en voiture, de ville en ville, rencontrant à chaque étape des centaines de personnes. Après des semaines de voyage, épuisé, il ne prenait aucun repos avant d'avoir terminé une tâche qu'il considérait comme essentielle : il envoyait une lettre signée personnellement à toutes les personnes qu'il avait rencontrées. Et chacune de ces lettres commençait par le prénom de cette personne : « Chère Annie » ou « Cher Martin ». Répondons-nous encore aujourd'hui à ces petites attentions ? Et comment ! Rappeler au téléphone, se souvenir d'un nom, traiter quelqu'un avec respect... Cela fait partie des choses importantes que fait un leader.

Le publicitaire Burt Manning déclare : « Ces actes fondamentaux donnent des résultats. Certaines personnes sortent du lot en les utilisant toujours. » Lors d'une récente visite au bureau de Manning, un visiteur fut frappé par une petite chose. Il n'y avait qu'un cintre dans le bureau. Manning lui prit sa veste et la suspendit au cintre, et accrocha sa propre veste à un bouton de porte. Sans importance ? Peut-être, mais le geste ne passa pas inaperçu. Ces petites touches lancent un message : « Je m'intéresse à vous. Vos préoccupations sont les miennes. » Un climat vraiment positif peut être créé de cette façon.

Et le meilleur moyen de renforcer un climat favorable, c'est de passer à la seconde étape : *traitez vos employés comme des collègues, sans condescendance, sans imposer votre autorité, sans réprimande.*

Après tout, ce sont vos compagnons de travail et non vos serviteurs ni vos copains. Traitez-les donc en conséquence. Reconnaissez l'humanité de chacun dans l'entreprise. Jouer au patron n'incite personne à l'action, mais au ressentiment vis-à-vis de celui qui abuse de son autorité. Mais alors, étant donné la grande force du respect, pourquoi tant de dirigeants prennent-ils l'habitude d'abaisser et de blâmer leurs collaborateurs ?

La raison tient souvent à un manque d'estime de soi. John Robinson, directeur général du Fleet Financial Group, l'explique ainsi : « Les responsables sont vulnérables. Ils sont sur la brèche. J'en ai souvent vus qui, confrontés à une situation difficile, adoptent un style qui ne leur est pas naturel. Je pense à certains qui tentaient de jouer les durs alors qu'ils ne l'étaient pas. C'était une façon de couvrir leur propre manque d'aisance. Cela donne-t-il de bons résultats ? Presque jamais. Ils essaient de bousculer verbalement leurs subordonnés et de se faire respecter en donnant des ordres, parfois arbitraires, et cela produit habituellement l'effet inverse. » Pour Robinson, la raison en est simple : peu de gens réagissent favorablement à la crainte.

Il est beaucoup plus efficace de montrer à votre personnel que vous êtes un être humain, vous aussi. Traitez les autres en égaux, comme des atouts de valeur, et non pas comme des pièces dans les rouages de l'entreprise. Ce qu'il faut faire, déclare Bill Makahilahila de SGS-Thomson Microelectronics, c'est « nous extraire de notre fonction, de notre titre, pour voir les choses comme tout un chacun qui apporte sa collaboration ».

Pour certains dirigeants, voilà une compréhension nouvelle des relations avec les salariés. Un ton juste doit être adopté pour assurer le respect et la communication ouverte. John Robinson y croit : « Je pense

qu'une des choses à faire est de conserver un sentiment d'humilité. Dans l'entreprise, plus nous mon-
tons, plus il est facile de croire que nous sommes
importants, comme le suggère notre titre, ou doués,
comme l'exige notre fonction. » Il y a des années,
Robinson avait trouvé un bon moyen de se rappeler
qu'en dépit de ses titres flatteurs, il était semblable
à ceux avec lesquels il travaillait. « J'étais président
d'une banque à trente ans et cela me donnait un sentiment d'importance. Quand je rentrais chez moi, un
bébé mouillé et chagrin m'obligeait à le changer :
cela me remettait immédiatement à ma place et me
rendait plus objectif. Ce sont vraiment mes enfants
qui m'ont apporté cet équilibre. » Mettez-vous à la
place des autres, sans condescendance. Les deux
points sont importants.

Troisième étape : *mobilisez*. Lancez des défis.
Demandez des avis. Suscitez la coopération. Le plus
souvent, le travail constitue pour vos collaborateurs
une partie de leur vie aussi importante que pour
vous. Ils veulent presque toujours être impliqués et
se mobiliser. Ils veulent relever des défis et progresser. Ils veulent que l'on tienne compte de leur point
de vue.

Les personnes passionnées et impliquées font du
meilleur travail. Ray Stata, d'Analog Devices,
déclare : « Ce que les gens souhaitent, c'est sentir
leur importance, leur impact, leur influence. Comment ce sentiment peut-il être créé ? En confiant des
responsabilités, en lançant des défis, en impliquant
chacun dans l'organisation de votre entreprise. La
clé, c'est que nos salariés se voient confier des mis-
sions et des tâches en rapport avec leurs capacités,
ou qui les obligent à se surpasser. L'essentiel de la
motivation de chacun vient du fait que l'organisation
de son travail représente pour lui un vrai défi, une
possibilité de progresser. »

Rubbermaid comprit cela dès le début. Cette société fut pionnière dans la méthode d'« *empowerment* » des salariés, c'est-à-dire dans le processus pour les faire grandir en confiance, en responsabilité et en « puissance ». Quand, à la fin des années 1980, Rubbermaid voulut concevoir un nouvel engin de plusieurs millions de dollars, les dirigeants n'imposèrent pas leurs vues. Ils confièrent le processus d'étude de la machine à ceux qui l'utiliseraient. Wolfgang Schmitt explique : « Nous avons rassemblé une équipe de six, cinq ouvriers et un cadre. Ils allèrent voir les fournisseurs potentiels pour faire le « *benchmarking* », c'est-à-dire les mesures comparatives. Ce sont eux qui recommandèrent ce qu'il fallait acheter. Ce sont eux qui allèrent en Europe pour être formés sur les machines choisies. Ils revinrent avec des spécialistes du fournisseur et organisèrent l'installation : ils la dirigèrent et la programmèrent. Ils veillèrent à la qualité. Ils étudièrent les mesures de maintenance préventive. »

Les résultats de cette méthode furent considérables pour Rubbermaid, qui détient le record de fidélité du personnel dans le secteur. Et le travail des salariés de Rubbermaid est efficace : de 1982 à 1992, la société a versé en moyenne à ses actionnaires des dividendes de 25,7 %.

Bill Makahilahila décrit le processus d'« *empowerment* » *ou* de « montée en puissance » de ses employés comme l'un de ses rôles les plus importants et les plus difficiles. « Cela consiste à faire passer un sentiment de confiance en soi, à aider les collaborateurs à approfondir leur propre réflexion, pour qu'ils se sentent à l'aise dans l'utilisation de leurs compétences. Pour cela, il faut savoir rester à l'écart, appuyer les décisions sans prendre la direction. Je n'ai pas à considérer si une décision est bonne ou mauvaise. Je dois vous laisser l'entière responsabilité de la prendre. Si ce n'est pas la meilleure décision, nous en discuterons. Si c'est la meilleure, je la soutiendrai et vous aiderai à le reconnaître. »

C'est difficile, mais les résultats en valent la peine. Les exécutants s'engagent dans ce qu'ils font. C'est peut-être Ray Stata qui l'exprime le mieux : « Je pense que ce qui est réellement important, en particulier pour des travailleurs capables et bien formés, c'est la prise de conscience de leurs capacités. La notion de progrès continu et le développement de leurs capacités est, en définitive, ce qui les motive le plus. »

Traitez bien les membres de votre personnel, traitez-les en égaux et mobilisez-les dans un travail d'équipe.

Voici une dernière étape pour créer un espace de travail dans une atmosphère de respect : *humanisez l'entreprise par tous les moyens, grands et petits.*

Ici, les efforts symboliques peuvent jouer un grand rôle. Par exemple, quitter le rempart d'un bureau directorial. Joyce Harvey, de Harmon Associates, utilise dans son bureau une petite table de réunion. Elle explique : « Autour de cette table, nous échangeons des idées. J'ai souvent une réunion en milieu de journée et je m'arrange toujours pour offrir un déjeuner à tout employé retenu à cette heure. Cela se passe de façon décontractée, informelle, et montre que j'ai le souci et le respect de son temps. »

Martin Gibson, président de Corning Lab Services, va au-delà du symbole. Il estime que l'humanisation d'une entreprise est si importante qu'il a organisé ses installations dans cet esprit : « Je pense qu'il est désastreux pour des salariés de travailler dans le même établissement que dix, quinze ou vingt mille autres personnes. Je ne me vois pas sortir de ma voiture et traverser, au beau milieu d'une foule, l'aire de stationnement d'un énorme complexe. Je me poserais toujours la question : si je disparaissais, quelqu'un s'en apercevrait-il ? Probablement pas. » En se sentant aussi impersonnel, on ne sera pas très attaché à son entreprise. Corning Lab Services a trouvé une solution à cela : trente-deux sites différents. L'effectif de l'un d'eux atteint 1 900 personnes, mais les autres comptent de 300 à 600 salariés. Résultat ? Selon Gibson : « Les salariés se connaissent par leur nom. Si l'un d'eux est absent, on s'en aperçoit. Dans une petite unité, c'est vrai, on vous connaît et c'est agréable. »

Chez Rubbermaid, Wolfgang Schmitt est du même avis. C'est pourquoi il limite ses installations à 600 personnes. Pourquoi cette taille ? Par économie ? Pas vraiment. Il explique : « Ce qui compte, ce sont les relations interpersonnelles. Au-delà de 400 à 600 personnes, la personnalisation des rapports, la compréhension, l'empathie s'en vont. Il faut alors investir pour créer artificiellement la compréhension au lieu de l'entretenir naturellement. Donc, sur le plan humain comme sur le plan économique, il est simplement prudent et réellement efficace de rester dans ces limites. » Voici la conclusion qu'en a tirée Schmitt à l'issue d'entretiens avec des membres du personnel : « Nous constatons que plus nous respectons cette limite, plus le personnel apprécie de faire partie de l'entreprise et plus les relations sont harmonieuses. »

Ces éléments essentiels ne s'appliquent pas simplement à la direction. Nous tous, quelle que soit notre responsabilité, nous serons plus performants en respectant l'importance et la dignité des autres, quelles que soient leur fonction, leur éducation ou leurs relations vis-à-vis de nous.

Le concept n'est pourtant pas nouveau. Il y a des années, Dale Carnegie l'appliquait aux nations du monde entier. Il écrivait : « Vous sentez-vous supérieurs aux Japonais ? La vérité est que les Japonais se considèrent comme bien supérieurs à vous. Pensez-vous être supérieurs aux habitants de l'Inde ? C'est votre droit, mais ils sont des millions à ressentir le contraire. Chaque nation se sent supérieure aux autres. C'est la cause du patriotisme et des guerres. La vérité sans fard, c'est que la plupart des personnes que vous rencontrez se sentent supérieures à vous en quelque façon. Et un moyen sûr de toucher leur cœur, c'est de leur faire comprendre de façon subtile que vous reconnaissez leur importance et que vous le faites sincèrement. »

▶ 8 ◀

**Le vrai respect des autres
est le moyen le plus fiable pour motiver.**

CHAPITRE 9

METTEZ EN VALEUR, FÉLICITEZ, RÉCOMPENSEZ

Au début du XIXᵉ siècle, un jeune Londonien aspirait à devenir écrivain, mais tout semblait contrer son désir. Il n'avait reçu qu'une instruction rudimentaire. Son père avait été emprisonné pour dettes et lui-même était très pauvre ; il connaissait souvent la faim. Enfin, il trouva un emploi, qui consistait à coller des étiquettes sur des flacons de colorants, dans un entrepôt infesté de rats. Le soir, il dormait dans une affreuse mansarde qu'il partageait avec deux voyous des bas-fonds de Londres. Il avait si peu confiance en sa valeur et craignait tant les moqueries qu'il attendait la nuit noire pour aller secrètement porter ses manuscrits dans la boîte aux lettres. L'un après l'autre, ils étaient refusés. Enfin vint le grand jour : l'une de ses histoires fut acceptée. On ne lui offrait aucune rémunération, c'est vrai. Mais peu lui importait. L'éditeur le félicitait ! Quelqu'un reconnaissait son talent. Il était si transporté qu'il déambula par les rues avec des larmes de joie. A partir de ce moment, l'espoir et la confiance grandirent en lui et son avenir fut transformé. Mais, sans cet encouragement, il aurait peut-être continué à travailler toute sa vie dans un entrepôt. Cet homme ne vous est pas inconnu : il s'appelait Charles Dickens.

DALE CARNEGIE

Mary Kay Ash, fondatrice d'une société de distribution de produits de beauté, commença sa carrière en organisant des réunions de vente à domicile pour la compagnie Stanley Home. Elle n'était pas très bonne vendeuse, du moins au début. Elle raconte : « Nous donnions des produits coûtant cinq dollars à la maîtresse de maison qui nous recevait. Je gagnais environ sept dollars par réunion, il ne me restait donc que deux dollars. » Pourtant, devant subvenir aux besoins de trois jeunes enfants et sans compétence particulière à offrir sur le marché du travail, Mary Kay Ash persévéra.

Après quelques semaines, elle se rendit compte qu'elle n'arriverait pas à gagner sa vie à moins d'un changement rapide. Il lui fallait agir autrement. « J'entendais beaucoup de femmes énumérer ce qu'elles avaient vendu et je me demandais pourquoi elles y arrivaient et pas moi. Je ne savais pas comment m'y prendre. Je me dis alors : Il faut que j'aille au congrès annuel de Stanley. Avec mes trois enfants à charge, je dois apprendre à réussir. »

Pour une mère seule, à cette époque, au Texas, c'était un vrai coup de poker. Elle n'avait pas d'argent et personne pour l'encourager. « J'ai dû emprunter pour aller au congrès : douze dollars. Cela comprenait le voyage aller-retour en train de Houston à Dallas plus trois nuits à l'hôtel Adolphus. Aujourd'hui, douze dollars permettraient à peine d'y entrer. J'empruntai à un ami. J'avais déjà perdu plusieurs amis en demandant ce prêt de douze dollars, et celui qui accepta de le faire me déclara : "Tu ferais mieux de rester chez toi et d'acheter des chaussures pour tes enfants avec ces douze dollars plutôt que d'aller dans ce lieu de perdition." Mais je ne me suis pas laissé décourager. Les repas n'étant pas compris, je pris avec moi fromage et biscuits secs que je mis dans ma valise d'échantillons, la seule que j'avais. J'y ajoutai mon unique robe de rechange. Dans le train, j'entendais constamment chanter "S-T-A-N-L-E-Y, Stanley". C'était leur slogan et je me sentais gênée avec tous ces excités. Je faisais semblant de ne pas être avec eux. Je n'avais pas de beaux vêtements, je manquais de tout. J'ai sûrement eu l'air ridicule, mais je suis arrivée à destination, et cela a changé ma vie. »

Changé sa vie ? « Les membres de l'entreprise Stanley couronnèrent leur "reine". Elle s'appelait Livita O'Brien. Je ne l'oublierai jamais, elle était grande, mince et respirait la réussite, exactement mon contraire. J'observais du dernier rang au fond de la salle et pris la décision que l'année suivante, la reine, ce serait moi. On lui offrit un sac en crocodile, la plus haute récompense. De tout mon être, je désirais l'avoir. Je voulais ce sac en crocodile.

« Il n'y avait pas de manuel sur l'art de vendre, mais trois choses furent dites. *Primo*, tracez-vous des rails à suivre. *Secundo*, accrochez votre wagon à une étoile. J'avais mon travail chez Stanley et j'ai accroché mon wagon à la reine du jour si intensément qu'elle a dû le sentir depuis le dernier rang. Et *tertio*, dites à quelqu'un ce que vous allez faire. J'ai regardé autour de moi et j'ai pensé que cela ne servirait à rien, que je ferais mieux d'aller voir le président là-bas devant. Je suis donc allée voir M. Frank Sammy Beverage et je lui ai déclaré : "M. Beverage, l'année prochaine je serai la reine !"

« S'il avait su à qui il parlait, il aurait ri. Je ne travaillais que depuis trois semaines, j'avais des résultats médiocres et je prétendais être la reine l'année prochaine. Mais c'était un homme chaleureux. Je ne sais ce qu'il vit en moi, mais il prit ma main, me regarda bien dans les yeux et me dit : "Vous savez, je pense que vous y arriverez." Ces huit mots changèrent ma vie. Je ne pouvais pas le décevoir. Je m'étais engagée à être la reine l'année suivante. » Et ce devint la réalité.

Mary Kay Ash fonda plus tard une société florissante de produits cosmétiques, avec des représentantes à temps partiel pour vendre directement à leurs amies, voisines et collègues. Elle avait la volonté de réussir, avant même de travailler chez Stanley. Il le fallait : pas de mari, pas d'autre travail et trois enfants à nourrir. Elle voulait les satisfactions de la réussite. L'encouragement du président lui donna l'élan dont elle avait besoin : une plus grande estime d'elle-même, le sentiment que quelqu'un d'autre se préoccupait de son succès. La motivation, c'est parfois aussi simple que cela.

Depuis le président de la plus grosse entreprise jusqu'à l'employé de supermarché chargé des bouteilles consignées, chacun veut s'entendre dire qu'il accomplit un excellent travail, qu'il est intelligent, capable, et que ses efforts sont appréciés. Un peu d'approbation, un encouragement arrivant au bon moment, c'est souvent le petit plus qui fait d'un bon collaborateur un collaborateur excellent. « Pourquoi n'utilisons-nous pas le même bon sens quand nous voulons transformer des personnes que lorsque nous voulons élever un chien ? demandait Dale Carnegie. Pourquoi ne pas utiliser le sucre au lieu du fouet ? Pourquoi ne pas féliciter au lieu de réprimander ? Complimentons même la moindre amélioration, cela incite l'autre à continuer à progresser. » Ce n'est pas compliqué. Mais nombreux sont ceux qui ont du mal à adresser des félicitations, même bien méritées.

« J'avais du mal à exprimer mon appréciation, qu'elle soit positive ou négative. Je ne sais pas pourquoi, mentionne Fred Sievert, de New York Life. C'est si simple et le rendement est incroyable ! Je ne sais pas pourquoi je n'arrivais pas à dire : "Je vous estime beaucoup. Merci pour ce que vous faites. Je sais que vous n'hésitez pas à faire des heures supplé-

mentaires, croyez-moi, je m'en rends compte." »
Après plusieurs années, Sievert explique qu'il a finalement appris l'importance des compliments surtout
grâce à l'un de ses anciens supérieurs. « Un homme
remarquable auprès de qui rien ne reste sans écho.
Il vous dit si quelque chose ne va pas, mais également : "Je vous apprécie et ce que vous faites est
remarquable." C'est très rassurant d'entendre de tels
propos. »

Les commentaires ne doivent pas nécessairement
être extraordinaires. Sievert continue : « Occasionnellement, mon directeur se rendait compte que je
travaillais trop et me disait : "Arrêtez et rentrez chez
vous. Voyez votre famille. Prenez quelques jours de
vacances." Qu'il en fût conscient comptait beaucoup
pour moi. »

Récompenses. Quand ce mot est utilisé dans
l'entreprise, c'est souvent un euphémisme signifiant
de l'argent. Salaire, bonus, avantage, prime... Bien
sûr, l'argent compte, et même beaucoup. Mais en
réalité, ce n'est qu'une des raisons pour lesquelles la
plupart vont au travail le matin, et seulement un des
éléments qu'ils rapportent chez eux le soir. Quoi que
nous disions, même le plus matérialiste d'entre nous
a un énorme besoin d'autres formes de récompenses.

La liste des récompenses commence par deux
points majeurs : le respect de soi et le respect de la
part des autres. Ce sont là deux des plus puissantes
forces de motivation. « Chacun aime avoir une
bonne image, se rappelle constamment Walter
Green, de Harrison Conference Services. Il est donc
nécessaire de créer une ambiance permettant aux
personnes d'avoir une bonne image. »

C'est ce que fait James Houghton chez Corning. Il
essaie de créer une ambiance dans laquelle les
membres de l'entreprise peuvent avoir une bonne

image d'eux-mêmes et se sentir bien. C'est une recette comportant mille ingrédients. Chez Corning, l'un de ces ingrédients fait partie de la procédure pour traiter les suggestions du personnel. Avant de s'impliquer dans la démarche qualité, Corning avait l'habitude de solliciter sans trop de conviction les suggestions de ses salariés. Quelques boîtes à idées étaient placées dans les usines et dans les bureaux, sans grand effet. Houghton raconte : « Notre système de suggestions fonctionnait comme partout ailleurs et, quand une idée était acceptée. vous pouviez recevoir une prime. Mais en réalité, ces boîtes à suggestions étaient comme des trous noirs. Aucune réaction. Peut-être un écho six mois plus tard. Et quand cet écho parvenait à l'intéressé, il était furieux. On lui disait seulement s'il allait ou non recevoir la prime : il était furieux. Ses collègues aussi, s'il avait reçu de l'argent et pas eux. »

« Aujourd'hui, les suggestions des salariés sont traitées de façon tout à fait différente. Les boîtes ont disparu, en même temps que le système, non pas par décision, mais progressivement. Il n'y a pas que cela qui ait changé. Dans le système de suggestions du personnel instauré chez Corning, plus aucune prime n'est payée. En revanche, les auteurs sont mis en valeur : ils peuvent devenir *l'employé de la semaine*, avec photo au tableau d'honneur, des fleurs ou un petit cadeau, ou encore de simples remerciements. » Ces marques de reconnaissance font marcher le système. Les salariés regrettent-ils la récompense financière ? « Pas vraiment, déclare Houghton. Nous ne fixons qu'une seule règle. Toute suggestion doit recevoir une réponse dans les dix jours. Oui ou non, ou nous réfléchissons à la question. »

Maintenant qu'il n'y a plus d'argent à la clé, le nombre de suggestions a-t-il chuté ? Houghton revèle : « L'année derrière, nous avons reçu quatre-vingts fois plus de suggestions qu'auparavant et nous en avons fait aboutir quarante ou cinquante fois plus ! » Les salariés participent aux suggestions pour plusieurs raisons : le désir d'améliorer la qualité de vie au travail, c'est évident ; la certitude, également, que quelqu'un s'en occupera ; mais aussi le respect de soi, et la reconnaissance publique d'une bonne idée. Houghton dit que cela ne l'a pas surpris : « Pour moi, cela prouve le véritable intérêt des salariés : ils veulent être partie prenante. Simplement en informant et en remerciant, on constate des résultats spectaculaires. »

Houghton a raison. Les salariés qui ont le sentiment que leurs idées sont considérées et respectées accomplissent des choses étonnantes. Faire que les membres de l'entreprise se sentent appréciés, mettre l'accent sur leurs bonnes idées, les inviter à des salons professionnels où ne vont souvent que les cadres supérieurs, leur dire : « Merci. Nous savons que vous êtes un collaborateur de valeur. Nous vous estimons et nous apprécions votre travail. » Voilà le début d'une motivation efficace.

Les entreprises bien guidées investissent actuellement du temps, de l'énergie et de l'argent pour mettre en place ou améliorer des méthodes non pécuniaires de gratification.

Anders Björsell, président d'Elektrotryck, le plus grand producteur suédois de cartes-mères pour ordinateurs, déclare : « Maintenant, je valorise des personnes devant toute la société. C'est essentiel de dire à quelqu'un en présence de nombreux collègues : "Vous avez fait un excellent travail." L'impact est bien moindre en privé. La mise en valeur en public fait que les personnes se sentent honorées. Il faut le faire constamment, et on ne le fait jamais trop. »

Val Christiansen tient le restaurant qui réalise le plus gros chiffre d'affaires parmi les mille huit cents que compte la chaîne Denny's aux Etats-Unis. Son restaurant se trouve à Victorville en Californie, sur un haut plateau désertique situé entre Los Angeles et Las Vegas. On y sert, outre les plats principaux, quantité de salades, potages, sandwichs. Mais Christiansen s'était rendu compte d'une lacune. Trop de clients demandaient l'addition sans avoir pris de dessert. D'après lui, le restaurant devait vendre plus de tartelettes. Il annonça donc un concours pour qui en vendrait le plus.

« Quand nous avons commencé, rappelle-t-il, nous vendions deux tartelettes par jour. J'ai alors expliqué au personnel comment il fallait s'y prendre, démonstration à l'appui. Les serveurs me connaissaient suffisamment pour me dire : "Et si nous vendons toutes ces tartelettes, qu'allons-nous y gagner ?" Ils ont le sens des affaires et je le comprends très bien ! Je leur ai dit que le meilleur de chaque équipe gagnerait une superbe sortie en ville pour deux personnes, qui seraient conduites en limousine à Los Angeles pour assister à une représentation de *Phantom of the Opera*. La gagnante de l'équipe de jour, qui n'était jamais allée au théâtre, assista à cette soirée avec son mari. Quel souvenir ! Le dimanche matin, quand je suis arrivé au restaurant, elle m'a vu à la caisse et, dans son uniforme, elle s'est jetée à mon cou et m'a embrassé, encore et encore ! "Vous vous croyez à l'opéra ?" lui ai je demandé gentiment. Nous étions très occupés, en pleine effervescence, dans le restaurant bondé. Et elle était là à m'embrasser copieusement, les bras autour de mon cou. Enfin elle me relâcha. Des larmes lui coulaient sur les joues. Elle me dit : "M. Christiansen, je vous aime beaucoup. Merci." Puis elle ajouta : "Je vous donne ma démission... pour dans trente ans !"»

Tout cela pour un seul geste de reconnaissance. Christiansen ajoute : « Cela renforça l'estime qu'elle avait d'elle-même. Et, d'un coup, nos tartelettes sont passées de deux à soixante et onze par jour. J'ai donc reçu non seulement une récompense émotionnelle mais aussi une récompense financière. En donnant de l'argent, je n'aurais pas eu de tels résultats. »

Ce ne sont pas les programmes d'« *incentive* » et de mise à l'honneur qui manquent aujourd'hui. Il y en a autant que d'entreprises bien menées. Certains débordent d'imagination, c'est une question de créativité.

Et la preuve en est faite à SGS-Thomson. Dans cette entreprise fut lancé un programme inhabituel de récompenses appelé « prix de qualités humaines », par lequel les membres du personnel sont honorés pour leur excellence, non pas dans la fabrication, la recherche ou la production, mais dans les relations humaines.

Le vice-président, Bill Makahilahila, décrit le programme qu'il a créé : « Chaque trimestre, quatre prix sont décernés aux cadres qui font preuve de certains comportements. L'un est appelé "l'oreille d'or" : un moulage d'oreille en or sur un support en bois, pour la qualité d'écoute. Les membres du personnel peuvent élire un cadre ou un employé. Un autre prix, celui de "la langue d'argent", récompense une présentation efficace, et pas seulement dans les discours officiels. Le gagnant reçoit une plaque originale d'où sort une langue d'argent ! Nous avons pensé qu'un peu d'humour serait apprécié... Puis vient le "prix d'*empowerment*", continue Makahilahila. Il récompense la capacité à mettre les autres en valeur en les responsabilisant. Le quatrième prix, le plus important, s'appelle le "prix de leadership". Il revient à la personne qui, de façon intègre et sincère, fait preuve d'efficacité en matière de communication, d'écoute, de relations interpersonnelles, etc. Le prix fait apparaître un leader soutenant ses collaborateurs sur un podium : attitude et comportement de celui qui épaule et met en valeur, plutôt que d'agir en supérieur. »

Dans l'art de récompenser de façon spectaculaire, la société Mary Kay est inégalable. Les meilleures vendeuses de l'année reçoivent une Cadillac rose. Oui, rose ! Mary Kay Ash explique : « Environ trois ans après son démarrage, notre affaire marchait bien. Nous faisions un chiffre d'affaires d'un million de dollars. Il me fallait une nouvelle voiture, je suis allée voir un distributeur et, montrant mon poudrier, je lui ai dit : "Je veux une nouvelle Cadillac, et je la veux de cette couleur !" Le vendeur a pâli et a répondu : "Oh ! Quand même pas ! Pas ça ! Ça va vous coûter très cher, et vous la ferez repeindre dès que vous l'aurez vue." J'insistai : "Je veux qu'elle soit rosé." Il me dit alors : "D'accord, mais je vous aurai prévenue. Il ne faudra pas m'accuser du désastre." La voiture arriva et, dans mon voisinage, elle fit un effet sensationnel. Vraiment étonnant. Vous pouvez rester coincé deux heures à un stop dans une superbe voiture noire, personne ne vous laisse passer. Mais conduisez une Cadillac rose, et vous serez surpris de l'admiration qu'elle suscite ! » Mémorable ? Certes. Exagéré ? Sans doute. Mais la litote n'est pas le genre de Mary Kay Ash !

« Mes collaboratrices l'admirèrent comme un trophée sur roues et demandèrent ce qu'il faudrait faire pour en gagner une ! Je posai la question à mon fils Richard, qui gère de façon adroite les finances de l'entreprise : "Dis-moi, Richard, pourrais-tu calculer ce qu'une représentante devrait vendre pour qu'on puisse lui offrir une Cadillac rose ?" Franchement interloqué, il fit quand même le calcul. Et plus la barre à franchir était élevée, plus elle incitait à sauter haut. La première année, nous en avons décerné une. La seconde année, cinq. La troisième année, dix. La quatrième année, vingt. Après quoi, une Cadillac rose fut attribuée à toutes celles qui atteignaient un certain chiffre d'affaires, ce que nous pratiquons encore maintenant. Ainsi, nous avons à ce jour une flottille de voitures d'une valeur globale de soixante-cinq millions de dollars qui sillonnent les Etats-Unis. Si, à Salem dans le Massachusetts, vous voyez une voiture rose, même si vous ne savez pas très bien ce que fait la société, vous savez que c'est Mary Kay. C'est devenu un symbole. » Un symbole utile pour l'entreprise et pour ses représentantes, signifiant : « Vous êtes remarquable. Vous avez fait un travail excellent. Continuez. »

Le gouvernement des Etats-Unis ne distribue pas de Cadillac roses. Du moins, pas encore. Mais même le gouvernement est passé à l'action dans le domaine de la valorisation créative. Il a établi l'Institut Fédéral de la Qualité, fondé en 1988 sur instruction du président Reagan. Sa mission consistait au départ à trouver les moyens d'augmenter la productivité dans l'Administration. Les chercheurs recrutés pour cette étude aboutirent à la même conclusion que des entreprises comme Corning et Motorola : si vous voulez augmenter la productivité, concentrez votre attention sur la qualité de façon positive, et ne laissez pas détourner votre attention. La productivité suivra. « Les hommes et les femmes sont l'élément le plus important de cette équation », déclare Curt Jones, le principal responsable de l'Institut. Elément essentiel de ce programme qualité, l'Institut lança son propre système de mise en valeur des employés, avec le prix du Président, réplique du *Baldrige Award,* connu dans le monde économique. Chose étonnante, la compétition y est tout aussi intense. Une année, le prix fut attribué au service des impôts d'Ogden, dans l'Utah, où les fonctionnaires avaient mis au point une procédure rapide d'enregistrement des déclarations de revenus, alors que leur budget avait été fortement réduit.

Une méthode raffinée et objective pour récompenser les membres du personnel a été trouvée chez American Airlines. Les clients sont impliqués dans le processus. Etant donné que le personnel embarqué travaille surtout en vol, à des milliers de kilomètres de toute supervision, il n'est pas facile de savoir exactement qui fait un travail excellent. Les accords syndicaux limitent d'ailleurs les différences de salaire. Le président, Robert Crandall, a inventé un moyen créatif de contourner l'obstacle : les utilisateurs réguliers d'American Airlines font partie d'un club et reçoivent des certificats qui peuvent être offerts à un membre de l'équipage, à titre de récompense pour un service exemplaire. Ces certificats confèrent au personnel des voyages gratuits ou autres avantages. Créative, cette méthode plaît au client, qui peut exprimer ses remerciements de façon concrète. Elle plaît également aux employés.

Utiliser récompenses et marques de reconnaissance comme partie intégrante du travail n'est pas une idée nouvelle. John Robinson, du Fleet Financial Group, l'avait apprise d'un vieil ami, il y a plusieurs décennies : « Jim fut un vendeur rapidement très performant. Il était sur la route et rendait visite à des clients à longueur de journée. Le soir, dans sa chambre d'hôtel, il écrivait à chacun un mot personnel manuscrit. Toute sa vie, il en a envoyé des quantités. Même à l'heure du marketing sophistiqué, rien n'a le même impact qu'un mot manuscrit disant : "Vous avez fait un excellent travail en gérant cette situation", ou "J'admire vraiment la façon dont vous avez su vous y prendre avec telle personne". »

Est-on sensible à ces petites déclarations ? Chez Harmon Associates, Joyce Harvey en est convaincue : « Nous utilisons des cartes imprimées : "Merci. Nous apprécions ce que vous avez fait aujourd'hui." Quand je passe dans les bureaux, je les vois accrochées au-dessus de plusieurs tables. Avant, je constatais que des personnes s'entraidaient sans jamais recevoir un mot de gratitude des collègues. Ils reçoivent maintenant des cartes, portant : "Merci" ou "J'apprécie ce que vous avez fait" ou encore "Vous m'avez facilité la vie". Ça marche très bien. »

Récompenser, mettre en valeur, féliciter. Peu importe comment vous le faites, ce qui compte c'est que vous le fassiez encore et toujours. Dans la motivation, l'argent compte beaucoup. Mais ce n'est pas la seule récompense efficace. Si vous avez de l'argent à dépenser, utilisez-le intelligemment. Récompensez l'excellence. Encouragez la participation. Dépensez-le en utilisant des moyens qui seront appréciés.

Quel que soit votre budget, suivez le conseil de Florence Littauer, écrivain et conférencière. Un jour, à l'église, on lui demanda à brûle-pourpoint de prononcer un sermon pour les enfants. Elle pensa à ce passage de la Bible : « De votre bouche ne doit sortir aucun mauvais propos, mais plutôt toute bonne parole capable d'édifier, quand il le faut, et de faire du bien à ceux qui l'entendent. » C'était un peu difficile pour les enfants, et Florence Littauer déchiffra les mots avec eux. Elle obtint cette interprétation : « Nos mots devraient être vraiment comme des cadeaux. » Les enfants semblaient d'accord. « Un petit cadeau. Quelque chose que nous donnons à d'autres. Quelque chose dont ils ont besoin. Quelque chose qu'ils désirent. Ils saisissent nos mots, les acceptent et les apprécient. Parce que nos mots peuvent leur donner du bien-être. » Elle poursuivit en comparant les mots à des cadeaux, puis résuma le message : « Maintenant, recommençons au début. Les mots ne devraient pas être mauvais, ils devraient être bons. Ils devraient être utilisés pour bâtir, pas pour démolir. Ils devraient être présentés comme un cadeau. » Quand elle eut terminé, une petite fille se leva, remonta l'allée, se tourna vers les fidèles et déclara d'une voix claire et assurée : « Ce qu'elle veut dire, c'est... », et là, elle s'arrêta pour reprendre sa respiration. « Ce qu'elle veut dire, c'est que nos mots devraient être comme une petite boîte en argent avec un joli nœud dessus. »

Il n'y a pas que les enfants qui les aiment : les félicitations jouent aussi un rôle déterminant dans la vie professionnelle.

▶ 9 ◀

**L'être humain travaille normalement
pour des compensations financières.
Mais il se dépasse
pour être reconnu, félicité et récompensé.**

CHAPITRE 10

TRAITEZ LES ERREURS, LES RÉCLAMATIONS ET LES CRITIQUES

Peu après la Première Guerre mondiale, je reçus une précieuse leçon. J'assistais un soir à un banquet en l'honneur de Sir Ross Smith. Pendant le repas, mon voisin raconte une histoire et l'agrémente de cette citation : « Il est un dieu qui façonne nos destinées, quelle qu'en soit l'ébauche que nous en faisons. » Le conteur précise que cette citation vient de la Bible. Il se trompe. J'en suis certain. Il ne peut y avoir aucun doute quant à son origine. Aussi, pour affirmer mon savoir — et manifester ma supériorité — je m'érige en correcteur, sans y être invité, et je fais observer que la phrase est de Shakespeare. Mais l'autre n'en démord pas. Quoi ? Cette phrase serait de Shakespeare ? Impossible, absurde ! Elle se trouve dans la Bible, il en est sûr. Il est assis à ma droite, et Frank Gammond, un de mes bons amis, se trouve à ma gauche. M. Gammond a consacré des années à l'étude de Shakespeare. Aussi, nous nous tournons vers lui pour qu'il arbitre cette querelle. Après nous avoir écoutés, M. Gammond me donne un bon coup de pied sous la table et annonce : « Dale, vous vous trompez, monsieur a raison. Cette parole est dans la Bible. » En rentrant avec mon ami ce soir-là, je lui dis : « Frank vous savez bien que c'est une citation de Shakespeare ! — Naturellement, je le sais, répond-il. Elle se trouve dans Hamlet, acte V, scène II. Mais nous étions invités, mon cher Dale. Pourquoi prouver à un homme qu'il a tort ? Est-ce là le moyen de vous rendre sympathique à ses yeux ? Pourquoi ne pas le laisser "sauver la face" ? Il n'avait pas sollicité votre opinion.

Barend Hendrik Strydom tuait de sang-froid. Sud-Africain de race blanche, Strydom était furieux des progrès que les Noirs obtenaient au pays de l'apartheid. Un jour de 1988, il arrosa à la mitraillette une foule de manifestants noirs, tuant huit personnes. Il fut jugé, déclaré coupable et condamné à mort. Mais même là, il ne semblait pas croire qu'il était répréhensible. Il disait : « Pour avoir des remords, on doit avoir fait quelque chose de mal. Je n'ai rien fait de mal. » Pour une question de procédure, la peine capitale fut transformée en réclusion à perpétuité. Malgré l'indignation générale causée par son crime, il persistait : « Je tuerai à nouveau, je n'ai rien fait de mal. »

Si un tueur ignoble ne se blâme pas lui-même pour un horrible crime, qu'en est-il des personnes avec lesquelles nous sommes chaque jour en contact ? Pensez-vous qu'elles soient promptes à admettre leurs erreurs ou à être critiquées ?

Voici deux constats de base concernant les erreurs : *primo,* nous en faisons tous ; *secundo,* nous aimons souligner celles des autres et détestons la réciproque ! Noël Coward, l'auteur anglais, le reconnaissait avec humour : « J'aime lire les critiques littéraires pour autant qu'elles m'adressent des compliments. »

Personne n'aime être l'objet d'une réclamation, d'une critique ou d'un article désobligeant. Nous enrageons quand nous sommes mis sur la sellette. Cela se comprend facilement. Rien n'atteint plus notre *ego* que d'entendre dire que nous avons pris une mauvaise décision, raté un projet ou fait moins bien que prévu. C'est encore plus difficile quand la critique est justifiée. Mais les erreurs existent. Les controverses surgissent. Les oppositions, légitimes ou exagérées, arrivent jour après jour. Des clients sont mécontents. Personne ne réussit en permanence.

Alors, comment concilier le fait que personne n'est parfait et que la critique est dure à avaler ? Avec un peu de pratique et l'aide de quelques techniques de relations humaines ayant fait leurs preuves.

La première étape consiste à *créer une ambiance dans laquelle les personnes se sentent disposées à recevoir des conseils ou des critiques constructives.* Faites constamment passer l'idée que les erreurs font partie de la vie. Un moyen sûr de véhiculer ce message : *admettez vos propres erreurs.*

« Montrer l'exemple est essentiel. N'attendez pas des autres ce que vous ne faites pas vous-même. » C'est ce que déclare Fred Sievert de la compagnie d'assurances New York Life. Peu après son arrivée dans cette compagnie, il eut l'occasion de mettre ces paroles en pratique : « J'allais assister en France à un séminaire de management et j'avais des chiffres importants à fournir avant de partir. C'était notre plan à cinq ans que je soumettais pour la première fois. Juste avant de m'absenter deux semaines, j'avais préparé et communiqué ces chiffres. En téléphonant, j'appris ensuite que mon document avait provoqué une vraie crise au sein de l'entreprise : j'avais mal compris la procédure ; je pensais que ces chiffres devaient donner une simple indication et que nous avions ensuite le temps de les affiner. Mais ils avaient été transmis au comité directeur et au président comme version définitive. Cela créa un énorme problème, car la projection n'avait pas été suffisamment étudiée. De loin, je maîtrisais mal la situation. Je proposai de rentrer, mais mon supérieur m'informa rapidement que la question était réglée.

« A mon retour, j'ai compris ce qui s'était passé. Après m'être renseigné, j'ai déclaré lors d'une réunion qui a beaucoup surpris : "Tout cela est ma faute, c'est un problème de communication, dont je suis entièrement responsable." Or, pendant mon absence, les accusations étaient allées bon train. Mon équipe disait : "Pourquoi n'avez-vous pas dit que nos chiffres devaient être définitifs ?" Les autres répondaient : "Vous auriez dû le savoir." Et quand j'ai déclaré : "Tout cela est ma faute, j'endosse l'entière responsabilité, c'est un problème de communication qui ne se produira plus...", toutes les accusations se sont envolées. Certains m'ont même dit : "Non, non, vous n'êtes pas seul en cause, nous sommes plusieurs à porter cette responsabilité." »

Admettre promptement que l'on a tort, c'est l'un des meilleurs moyens pour sortir du piège des accusations et faire évoluer la situation. Soyez le premier à admettre vos erreurs, les autres s'empresseront de vous disculper et de vous rassurer. La tactique opposée, blâmer les autres à tout bout de champ, les amènera rapidement à vous contredire et à se défendre. Cela s'applique partout : dans une société, une famille ou un groupe d'amis.

C'est aussi vrai dans les échanges commerciaux. Quand un client est mécontent d'un produit ou d'un service, admettre une erreur rapidement et énergiquement donne des résultats souvent étonnants. C'est ce qu'a découvert John Imlay, président de Dun & Bradstreet Software, quand, par inadvertance, il offensa un jour un client important. « C'était en 1987, rappelle-t-il, je faisais une intervention sur la côte Ouest des Etats-Unis, devant un millier de chargés d'informations, à l'hôtel Laguna Beach. En introduction, j'ai évoqué des phénomènes de vogues en disant : "Noriega s'en va, la démocratie commence... Les tortues Ninja arrivent et vont engloutir les poupées Barbie." Cela n'amusa pas du tout l'un des auditeurs, un de mes meilleurs clients. C'était le patron de Mattel. De retour à mon siège, un mot de sa part m'attendait, disant : "Votre intervention était réussie, mais vous avez fait une déclaration que je vous demande de retirer dès maintenant." Les lignes étaient cinglantes et signalaient que la vente de ses modèles Barbie représentait plus de chiffre d'affaires que toutes mes sociétés réunies. Je lui écrivis une lettre d'excuses et même une lettre à Barbie, ce qu'il n'a pas non plus trouvé très drôle. »

Imlay ne s'en est pas tenu là : « Pendant des années, j'ai utilisé cette lettre dans toutes les interventions que j'ai faites pour rappeler à mes auditeurs à quel point il fallait traiter avec délicatesse les sentiments du client. Je montrais la lettre et je racontais l'histoire. Un jour, je parlais à l'hôtel Waldorf-Astoria à New York. A mon insu, le président de Mattel était dans l'auditoire. On me passa une note me signalant sa présence. Je lui demandai de se lever, il vint vers moi et me serra la main. Puis il m'envoya un mot, disant que tout était oublié. Depuis lors, il s'est montré heureux d'être notre client. »

La leçon : *admettez vos erreurs avant que toute autre personne n'ait l'occasion de le faire.* Riez-en, si vous le pouvez. Ne cherchez pas à minimiser ses conséquences. « Un leader doit être responsable de ses propres erreurs, déclare Fred Sievert. Le pire que vous puissiez faire, c'est d'accuser quelqu'un d'autre. C'est à vous d'endosser la responsabilité. » Ou comme le dit André Navarro : « L'entreprise qui admet ses erreurs encourage la créativité et incite ses membres à prendre des risques. »

Voici la seconde étape pour traiter les erreurs ou les problèmes : *réfléchissez à deux fois avant de critiquer ou condamner.* Si la personne ayant commis l'erreur sait déjà ce qui s'est passé, pourquoi c'est arrivé et ce qui doit être fait pour éviter toute récidive, inutile d'en rajouter. Il n'est pas besoin de mettre le fautif plus mal à l'aise qu'il ne l'est déjà.

Les collaborateurs motivés *veulent* être performants. Curt Jones, directeur au Federal Quality Institute, dit : « L'être humain ne travaille certes pas pour semer la pagaille, mais pour se sentir utile : il *veut* s'impliquer. » Les responsables d'entreprises qui comprennent cela savent combien la critique est destructrice.

Ce qui compte, c'est d'éviter le jeu des reproches. Ray Stata, président d'Analog Devices, en témoigne ainsi : « La réaction instinctive quand quelque chose va mal, c'est : *qui est coupable ?* C'est un réflexe : trouver quelqu'un à blâmer et pouvoir en parler. » Stata essaie de débarrasser Analog Devices de tout reproche superflu : « J'évite de sermonner dans l'entreprise ; on a souvent tendance à le faire, à s'apitoyer ou condamner quand les choses vont mal... Alors, un truc que j'utilise, c'est de montrer l'exemple pour transformer les reproches en demandes et suggestions. Pour que notre action soit efficace, il faut seulement nous demander : *que cherchons-nous à accomplir ?* Et parler de tel ou tel qui avait tort n'aide en rien. »

Si le but essentiel est d'améliorer la situation, distribuer critiques et blâmes ne fait généralement qu'amener les fautifs à se défiler ou à se cacher. Ceux qui sont sévèrement critiqués prendront moins de risques et d'initiatives et seront moins créatifs. L'organisation pour laquelle ils travaillent se prive immédiatement d'une large part de leur potentiel.

Ce concept a fait son chemin dans toute la procédure d'évaluation du personnel chez Mary Kay Corporation. L'objectif est d'améliorer, non pas de juger. « Ce qui est habituellement appelé *entretiens d'évaluation des performances,* nous l'appelons ici *entretiens de développement des performances,* déclare le vice-président Richard Bartlett. Pourquoi ? Je ne veux pas m'ériger en juge, déclare-t-il. Je veux savoir comment vous aider à vous améliorer, prendre le temps de voir avec vous l'évolution de votre carrière chez Mary Kay : comment vous voulez progresser, de votre point de vue, pour atteindre vos propres objectifs, actuels et futurs. » Cette attitude chez l'employeur encourage l'initiative chez l'employé.

« Ceux qui acceptent le mieux les critiques sont ceux qui désirent vraiment s'améliorer, déclare David Luther, directeur qualité chez Corning. Parfois, ils sont déjà en haut de l'échelle, mais prêts à faire un effort supplémentaire : ils accueillent alors volontiers les critiques constructives.

« Une des forces des Japonais réside dans leur façon à considérer les erreurs comme des bienfaits. La découverte d'une faute est pour eux un trésor, car c'est une clé d'amélioration. »

Nous savons bien que peu aiment être critiqués mais que beaucoup aiment le faire. Blâmer améliore rarement la situation. Sauf exception : il arrive que certains doivent être critiqués, mais de façon constructive. S'il y a urgence, danger ou répétition d'erreur, il faut aussi intervenir. Mais si, après réflexion, vous voulez vraiment le faire, *critiquez avec respect.* C'est l'étape numéro trois. Marchez sur des œufs et laissez de côté le fouet. Maîtrisez-vous, appliquez quelques techniques et vous serez sûr que vos paroles seront bien entendues. Créez une ambiance de réceptivité pour ce que vous avez à dire. Même si votre interlocuteur n'aime pas entendre des remarques négatives, il sera plus ouvert si vous faites ressortir ce qui va bien autant que ce qui va mal. Dale Carnegie disait : « Une critique doit être précédée de compliments sincères. » Mary Poppins chantait pratiquement la même chose : « Un peu de sucre fait passer la pilule. »

André Navarro de Sonda SA a trouvé une méthode de critique douce : « Nous tentons de critiquer le moins possible, en observant la règle de 3 + 1 : dans notre entreprise, si vous voulez faire une critique, ne dites rien, mais notez-la. Quand vous avez trouvé trois éléments positifs concernant la personne en question, ou même sur un règlement ou une habitude de la maison, alors il vous est permis d'exprimer aussi votre critique. » C'est une technique excellente.

Une autre consiste à encourager. Faites que la faute semble facile à corriger. C'est ce que pratique Fred Sievert de la New York Life. Il l'appelle *méthode sandwich* : « Je commence par parler des réalisations positives de l'intéressé. Ensuite, nous parlons des points à développer et à améliorer. Et nous concluons sur la valeur que cette personne représente pour la compagnie. C'est efficace. J'ai eu un directeur qui procédait comme cela à mon égard et quand je le quittais, je me disais : "C'est étonnant, je me sens mieux après cette réprimande." »

Il est tout aussi important de savoir ce qu'il faut éviter. Ne jamais discutailler, abaisser ou vociférer. Si vous entamez une controverse, vous avez déjà perdu. Vous avez perdu le contrôle de vous-même et, plus important encore, vous avez perdu de vue votre objectif : communiquer, persuader, motiver. Comme dit Dale Carnegie : « Le meilleur moyen de l'emporter dans une controverse, c'est de l'éviter, comme vous fuiriez les serpents à sonnettes ou les tremblements de terre. Neuf fois sur dix, chacun se retire du débat plus que jamais convaincu d'avoir raison. »

Laissez à tout prix votre interlocuteur sauver la face. Cela veut dire vous retenir lors d'une discussion, faire remarquer erreurs ou défauts de manière indirecte ou poser des questions plutôt que de donner des ordres. Parfois, il faut aussi remettre la critique à un autre jour. Mais quoi que vous décidiez : soyez clément, réservé, n'attaquez pas. Même si quelqu'un n'est pas du tout d'accord avec vous, vous pouvez, en faisant preuve de finesse, infléchir sa position. En démarrant trop fort, en employant des mots tels que *vrai* ou *faux*, *intelligent* ou *stupide*, vous ne persuaderez jamais personne de quoi que ce soit.

« Nous recevons des réclamations, dit Wolfgang Schmitt de Rubbermaid, dont la plupart viennent de clients ayant acheté un produit concurrent, pensant que c'était le nôtre. Nous leur adressons alors une lettre personnalisée disant : "Nous comprenons bien l'erreur commise, car des concurrents copient nos produits. Nous aimerions que vous puissiez constater vous-même la différence, en essayant le nôtre gratuitement." Nous envoyons alors un produit de remplacement, qui crédibilise la qualité de notre marque. »

L'amabilité est plus persuasive que les accusations et haussements de ton. Repensez à la vieille fable d'Esope : le vent et le soleil discutaient un jour pour savoir qui était le plus fort. Le vent proposa un concours et, voyant marcher un vieil homme, fixa les termes du pari : celui qui lui ferait enlever son manteau le plus vite aurait gagné. Le soleil se déclara d'accord et le vent commença. Il souffla de plus en plus fort jusqu'à la tempête. Mais plus le vent soufflait, plus l'homme serrait étroitement son manteau. Le vent abandonna et le soleil prit son tour. Il darda des rayons de plus en plus chauds, jusqu'à ce que l'homme enlève son manteau. Alors, le soleil révéla au vent son secret : « Plus fait douceur que violence. » Le même principe s'applique aux clients, employés, collègues et amis.

Dale Carnegie avait un conseiller fiscal dans un de ses stages de communication, Frederick Parsons, qui était allé voir son inspecteur des impôts. On l'avait taxé d'une somme de neuf mille dollars qui, assurait M. Parsons, n'avait jamais été encaissée et ne le serait jamais, car le débiteur était insolvable. L'inspecteur des impôts restait déterminé à imposer ce revenu. Parsons n'arrivait pas à se faire entendre. Il tenta alors une approche différente : « Je décidai d'éviter la controverse, de changer de sujet et de le mettre en valeur. Je lui dis : "Je suppose que ce cas n'a pas grande importance comparé aux décisions importantes que vous êtes amené à prendre. J'ai moi-même quelque peu étudié les questions fiscales. Cela m'intéresse beaucoup... Seulement, moi, j'ai dû étudier dans les livres, tandis que vous, vous avez acquis votre expérience face aux gens, en première ligne, si j'ose dire. Je souhaiterais parfois avoir un rôle comme le vôtre. J'apprendrais beaucoup." En disant cela, remarquez-le bien, j'étais sincère. L'inspecteur se redressa dans son fauteuil et se mit à me parler de lui, de son métier, cita certaines fraudes astucieuses qu'il avait débusquées. Son attitude devint de plus en plus cordiale, et bientôt il me parla de ses enfants. En me quittant, il m'annonça qu'il allait revoir mon cas et qu'il me ferait connaître sa décision. Trois jours plus tard, il m'informait que, conformément à ma demande, il m'exemptait du redressement en question. »

Que s'était-il passé dans l'esprit de l'inspecteur ? « Il incarnait une caractéristique humaine courante, écrit Carnegie. Il désirait être important. Pendant tout le temps que Parsons se montrait exigeant, il obtenait ce sentiment d'importance en affirmant haut et fort son autorité. Mais sitôt terminée la controverse et son importance reconnue, il put se montrer aimable et sympathique. »

► 10 ◄

**Admettez rapidement vos erreurs,
freinez vos critiques.
Surtout, soyez constructif.**

CHAPITRE 11

FIXEZ VOS PROPRES OBJECTIFS

A vingt-trois ans, j'étais l'un des hommes les plus malheureux de New York. Je gagnais ma vie en vendant des camions. Je n'avais pas la moindre idée de ce qui pouvait bien se passer dans un moteur et, d'ailleurs, je ne tenais pas à le savoir. Je n'aimais pas du tout mon travail. Je détestais ma petite chambre triste et sombre, dans la cinquante-sixième rue. Je me souviens encore des cafards qui se cachaient derrière mes cravates suspendues à un crochet sur le mur. Prenant mes repas dans des restaurants minables, eux aussi infestés de cafards, je méprisais ma condition. Chaque soir, en rentrant dans ma mansarde, je souffrais de migraines manifestement causées par ces sentiments de frustration et d'angoisse. J'étais révolté parce que les rêves que j'avais nourris autrefois au collège s'étaient transformés en cauchemars. Etait-ce donc cela, la vie ? Etait-ce vraiment cela, l'aventure passionnante que j'avais attendue avec impatience ? Ce travail fastidieux, cette existence pénible : était-ce là tout ce que la vie me réservait, sans autre perspective ? Je voulais vraiment du temps pour lire, et surtout pour écrire des ouvrages auxquels je pensais depuis l'université. Je n'avais rien à perdre. Ce n'était pas la fortune que je recherchais mais une vie passionnante. Bref je sentais que j'étais à la croisée des chemins, à cet instant décisif auquel arrivent la plupart des jeunes qui veulent choisir leur voie. Je pris donc une résolution qui transforma complètement mon existence. Depuis, ma vie est plus heureuse et mieux remplie que je n'avais jamais osé l'espérer. Voici cette décision : quitter

mon emploi pour me lancer dans la formation d'adultes.
De cette façon, je disposerais de mes journées pour lire,
préparer des conférences, écrire des nouvelles et peut-être
même des romans. C'était là mon but :
vivre pour écrire et écrire pour vivre.

DALE CARNEGIE

Dale Carnegie n'écrivit jamais de grand roman, mais le succès remarquable qu'il eut en tant que formateur, homme d'affaires et écrivain d'ouvrages, traitant notamment de relations humaines, fit de lui un stimulateur pour d'innombrables personnes dans le monde entier. Il y parvint en se fixant des objectifs personnels, les adaptant quand les circonstances l'exigeaient, en essayant de ne jamais perdre de vue ce qu'il voulait accomplir.

Mary Lou Retton, originaire de Virginie, où aucun gymnaste n'avait jamais atteint le niveau international, raconte : « Bien que la meilleure de ma spécialité dans cet Etat, j'étais une inconnue. A quatorze ans, je participais à un concours à Reno, dans le Nevada. C'est là que le grand Bela Karolyi, entraîneur des gymnastes de Roumanie, qui avait mené Nadia Comaneci à la médaille d'or, arriva auprès de moi. C'était le roi de la gymnastique, un homme de grande taille, probablement un mètre quatre-vingt-dix. Il me tapa sur l'épaule et me dit avec son fort accent roumain : "Mary Lou, viens me voir et je ferai de toi une championne olympique." La première pensée qui me traversa l'esprit fut : "Oh là, sûrement pas !" Mais, parmi tous les gymnastes du stade, c'était moi qu'il avait remarquée, se souvient Mary Lou. Nous avons discuté, puis il parla avec mes parents et leur dit : "Je ne peux pas garantir que Mary Lou fera partie de l'équipe olympique, mais je pense qu'elle a tout ce qu'il faut pour cela." »

Quel objectif ! Depuis sa petite enfance, elle avait rêvé de participer un jour aux jeux Olympiques. Mais ces mots dans la bouche du grand homme étaient pour elle gravés dans le marbre. « C'était pour moi un grand risque, dit-elle. J'allais devoir quitter ma famille et mes amis, vivre dans une famille que je n'avais jamais rencontrée, m'entraîner avec des filles que je ne connaissais pas. Cela m'impressionnait et j'avais peur. Je ne savais pas à quoi m'attendre. Mais j'étais en même temps enthousiasmée. Cet homme voulait me former. Moi la petite de Fairmont, j'avais été choisie. » Et elle n'avait pas l'intention de décevoir Karolyi. Deux ans et demi plus tard, Mary Lou Retton, avec deux fois le score maximum de dix, gagna la médaille d'or olympique de gymnastique et le cœur de millions de téléspectateurs dans le monde.

Les objectifs nous donnent une cible à viser, à garder en perspective. Ils permettent de mesurer nos réussites. Fixez-vous des objectifs à la fois stimulants et réalistes, des objectifs clairs et mesurables, pour le court terme et pour le long terme. Quand vous atteignez un objectif, prenez un moment pour vous féliciter. Puis avancez vers l'objectif suivant, avec plus d'audace, de force, d'énergie, grâce à ce que vous avez déjà accompli.

Eugene Lang, philanthrope de New York, prononçait un jour un discours de fin d'année scolaire. La classe était composée d'enfants qui n'avaient aucun espoir d'entrer à l'université. En fait, il y avait même peu d'espoir qu'ils terminent leurs études secondaires. A la fin du discours, Lang fit une offre étonnante : « Pour tous ceux d'entre vous qui obtiendront un diplôme d'études secondaires, je financerai les études à l'université. » Sur les quarante-huit élèves de cette classe de sixième, vingt-quatre furent diplômés d'études secondaires et vingt-deux accédèrent à l'université. A titre de comparaison, il faut rappeler que 40 % des élèves de cette école citadine ne terminent pas leurs études secondaires, sans parler d'entrer à l'université.

L'offre de financement à elle seule n'était pas suffisante pour assurer un tel succès. Lang s'arrangea pour que ces élèves soient suivis ; ils furent guidés et conseillés pendant leurs six dernières années scolaires. Mais cet objectif ambitieux, clairement mentionné et à la portée des élèves, leur fit envisager un avenir qu'ils n'auraient jamais cru possible. Et cette visualisation leur permit de transformer leurs rêves en réalité.

Selon Harvey Mackay, auteur de best-sellers économiques : « Un objectif, c'est un rêve avec une date limite. »

Howard Marguleas, président d'une compagnie agricole appelée Sun World, fait partie d'une nouvelle race de producteurs en Californie. Il en est arrivé là en se fixant et en atteignant objectif après objectif. Pendant des années, il avait suivi les fluctuations à la hausse et à la baisse des fruits et légumes, années fastes, années maigres, aussi impossibles à prévoir qu'à contrôler. C'était du moins l'opinion de tous ceux qui s'occupaient de ces denrées. Mais Marguleas avait un objectif : élaborer des produits nouveaux et uniques, capables de résister aux fluctuations de la demande. Il raisonna ainsi : « Quand le marché est bas, à moins d'avoir un produit très spécial ou unique, c'est très difficile. Si vous produisez des laitues, carottes ou oranges de qualités banales, vous ne travaillez bien qu'en période de pénurie. Et en cas de surplus, les affaires sont mauvaises. Nous avons donc essayé de trouver des créneaux spécifiques. »

C'est de là que vint l'idée de produire un meilleur poivron. Si nous pouvions développer un poivron plus goûteux, se disait Marguleas, les épiciers américains n'en achèteraient-ils pas, que la période soit bonne ou mauvaise ? Nous y avons travaillé et créé le poivron « Rouge Royal ». A son propos, Marguleas dit : « C'est un poivron allongé, à trois lobes. On nous avait dit qu'un poivron devait être arrondi ou carré. Mais quand nous l'avons testé, son goût, sa couleur, etc., disaient que nous avions gagné. Nous savions qu'avec un nom attrayant, bien lancé par la publicité, les consommateurs le goûteraient et l'adopteraient. »

Voici la leçon de Marguleas : « Cherchez des occasions de faire quelque chose de différent. Ne vous contentez pas de ce que vous réalisez. Cherchez toujours un moyen, une méthode pour améliorer ce que vous faites, même si c'est contraire aux traditions d'une profession. » Ceux qui ne se fixent pas de buts personnels, de façon indépendante, deviennent, selon lui, des « moi-aussi » dans le monde. C'est-à-dire des personnes qui suivent mais ne mènent pas, qui prospèrent lorsque les temps sont favorables, mais qui sont inévitablement larguées quand les affaires deviennent difficiles. Marguleas avait mis le doigt sur une idée intéressante. Ceux qui se fixent des objectifs stimulants, mais aussi réalisables, sont ceux qui tiennent leur avenir d'une main ferme et qui finissent par accomplir des choses extraordinaires.

Il n'y a pas que les sociétés pour lesquelles les objectifs sont importants. Ce sont également les marches des carrières réussies.

Jack Gallagher travaillait dans une affaire familiale de fabrication de pneus. Il était passé par les divers postes : comptabilité, fabrication et vente. Cette expérience lui enseigna au moins une chose : il ne voulait pas s'occuper de pneus ! Un jour, il rencontra un de ses anciens camarades d'études qui travaillait à l'hôpital local en tant qu'assistant de l'administrateur. « Voilà ce que j'aimerais faire, se dit Gallagher. J'aimerais aider les autres, mener une organisation et faire de belles choses. » Pour y arriver, il avait deux obstacles à franchir : obtenir un diplôme d'administrateur d'hôpital, puis trouver un poste. Mais Gallagher s'était fixé un but : il se prépara tout de suite à sauter ces obstacles.

Il fut admis à l'université de Yale, obtint une bourse de la fondation Kellogg, ainsi qu'un prêt d'une banque locale. Il travailla la nuit dans les bureaux du North Shore University Hospital. Et, une fois son diplôme en poche, il demanda la permission de résider dans les locaux administratifs de l'hôpital. « Je fus reçu par Jack Hausman, le président de l'hôpital, se rappelle Gallagher. J'ai dû passer trois minutes avec lui et je l'ai convaincu pendant ces trois minutes. Sachant que j'étais marié et avais trois enfants et connaissant le maigre salaire d'un résident, il m'a demandé : "Arriverez-vous à vous en sortir ?" » Gallagher se souvient de sa réponse : « Voyez-vous, M. Hausman, j'ai pensé à tout cela bien avant de venir vous voir. J'ai tout organisé pour pouvoir vivre pendant cette période de résidence et prendre ensuite une fonction administrative. » Il avait un objectif. Il en avait prévu tous les détails. Il avait travaillé sans relâche pour y arriver. Il est aujourd'hui directeur général du North Shore University Hospital.

Les débuts dans la vie d'Arthur Ashe, champion de tennis décédé récemment, ne furent pas particulièrement faciles : presque seul, il réussit à franchir la barrière de couleur dans le tennis professionnel, un sport qui jusque-là était resté réservé aux Blancs. Et, dans ses dernières années, Ashe lutta vaillamment contre le sida pour faire prendre conscience de cette maladie aussi bien dans les quartiers déshérités que dans les salons huppés. Toute sa vie, il se fixa des objectifs. Cela commença alors qu'il était tout gamin sur un court de tennis. C'est là qu'il apprit ce qu'était la réussite, un but à la fois. « Passer la barrière d'un but fixé, puis atteint, a pour effet de solidifier la confiance en soi que l'on peut avoir », disait Ashe lors d'une interview accordée pour ce livre peu avant sa mort.

Voici comment il procéda jusqu'à la fin de sa vie. Il se fixait un but et quand il l'avait atteint, il s'en fixait un autre. Pourquoi ? Il expliquait : « Je crois que la confiance en soi transforme l'individu. Elle rayonne dans les différents domaines de la vie. Non seulement nous nous sentons confiants dans les domaines où nous sommes experts, mais également pour d'autres tâches ou d'autres buts, en appliquant les mêmes principes. Les buts doivent être réalistes et accessibles. Ne commettez pas l'erreur de penser que vous devez ou que vous pouvez tout accomplir aujourd'hui. Vous ne pouvez peut-être pas atteindre la lune cette année, alors prévoyez un voyage plus court. Fixez-vous un but intermédiaire. » Avec cette approche cumulative, Ashe se hissa aux sommets du tennis. « Mes premiers entraîneurs, explique-t-il, me proposèrent des buts précis auxquels j'adhérais. Il ne s'agissait pas forcément de gagner des tournois. Simplement des points difficiles à travailler sérieusement. La récompense était implicite quand j'y parvenais. Je le répète, le but n'était pas nécessairement de gagner tel ou tel tournoi. Ainsi, progressivement, après avoir atteint ces buts intermédiaires, je me disais : "Eh là ! me voilà proche du grand prix". »

Ashe a toujours abordé de cette façon les grandes compétitions. « Je veux arriver aux quarts de finale, ou je ne manquerai pas plus d'un certain nombre de revers le long de la ligne, ou je vais améliorer ma résistance à la fatigue quand il fait très chaud. Voilà le genre de buts qui aident à maintenir la concentration, indépendamment de l'objectif plus lointain, peut-être illusoire, de devenir le numéro un ou de gagner le tournoi. »

La plupart des grands défis sont mieux relevés par une série de buts intermédiaires. Ce processus encourage et motive bien davantage.

Le Dr James Watson, directeur du laboratoire de Cold Spring Harbor dans l'Etat de New York, a décidé de lutter toute sa vie pour trouver un remède au cancer. Est-ce là son seul objectif ? Evidemment non. Ce serait trop décourageant. Il s'est fixé, pour lui-même et ses collègues du laboratoire, une série d'objectifs à atteindre chaque année sur cette longue route. « Il y a tellement de cancers différents, explique Watson, prix Nobel pour la découverte de la structure de l'ADN. Nous allons en guérir quelques-uns. Et nous espérons en guérir davantage. Mais il faut choisir des objectifs intermédiaires, dit-il. Le but n'est pas de juguler demain le cancer du côlon. C'est de comprendre la maladie et ses nombreuses étapes. Personne ne veut se sentir battu. Il faut être heureux d'atteindre un petit but à la fois. »

Voici la méthode : *fixez-vous de petits objectifs et atteignez-les. Pour passer ensuite à de nouveaux objectifs un peu plus grands.*

Bien avant que Lou Holtz ne devienne le principal entraîneur de football américain à l'université Notre-Dame, il désirait par-dessus tout jouer lui-même. Mais quand il voulut jouer pour son école, il ne pesait que cinquante-deux kilos : il était bien trop léger. Mais il voulait absolument jouer. Alors il conçut un plan original : il apprit par cœur la façon de jouer à chacune des onze positions, complexes, de ce sport. De cette façon, si un joueur était blessé, il était toujours prêt à foncer sur le terrain : onze chances au lieu d'une !

Il en va de même dans le monde du travail, affirme Harvey Mackay. « Dans un bureau, soyez volontaire pour connaître le système téléphonique. Cherchez à savoir utiliser un ordinateur. Apprenez à vous en servir quelle que soit votre fonction... » Ainsi, quand des occasions se présentent, vous avez plus de chances de les saisir. Comme Lou Holtz, fixez-vous des buts qui augmentent votre valeur dans l'équipe ou la société. Ce qui compte, c'est de se fixer des buts, puis de lutter pour les atteindre. L'important est de continuer à planifier et à agir : vous verrez, vous arriverez au but.

Chez Scalamandré Silks, Adriana Bitter explique : « Il nous est arrivé de nous fixer des objectifs trop élevés et de ne pas atteindre le dernier degré, mais cela n'empêche pas de grimper sur l'échelle. » Sans objectif précis, c'est trop facile de se laisser aller avec le courant, sans jamais vraiment prendre en charge sa vie. Le temps est gaspillé faute d'un sentiment d'urgence. Il n'y a pas de date limite. Rien ne doit impérativement être fait *aujourd'hui*. Il est alors toujours possible de remettre à plus tard. Les objectifs sont là pour nous indiquer la direction choisie et favoriser notre discipline.

David Luther de chez Corning se préoccupe de la tendance moderne au laisser-aller. Il redoute son effet sur ses propres enfants. C'est pourquoi il leur parle constamment d'objectifs. Il leur rappelle : « Parfois, nous sommes pris par des tas de choses à faire. Comment éviter cet écueil ? L'important c'est de vous connaître vous-même. Pensez à ce que vous savez et voulez faire. Quand vous aurez l'âge de vos parents, que voulez-vous avoir accompli ? »

Comment se fixe-t-on des buts intelligents ? Cela demande surtout de la réflexion, mais quelques techniques sont utiles pour la canaliser. Posez-vous les questions que Luther encourage ses enfants à se poser : « Prenez le temps de vous demander : qu'est-ce que je veux vraiment faire ? Quel genre de vie ai-je vraiment envie de mener ? Suis-je actuellement dans la bonne direction ? » Où que vous en soyez, c'est là un conseil sensé.

Une fois vos objectifs déterminés, fixez-vous des priorités. Tout ne peut pas être fait en même temps, il vous faut donc vous demander ce qui doit venir en premier. Quel est l'objectif le plus important pour moi actuellement ? Ensuite, organisez votre temps et mobilisez vos énergies pour appliquer ces priorités. C'est là le plus grand défi.

Pour classer ses objectifs par ordre de priorité, Ted Owen, propriétaire du *San Diego Business Journal*, suit le conseil que lui a donné un ami psychologue : « Prenez une feuille de papier et tirez un trait vertical au milieu. A gauche, notez ce que vous voulez, par exemple les dix choses que vous voulez avoir accomplies avant votre retraite. Cela peut être : avoir préparé une retraite agréable, posséder une belle maison, avoir vécu un mariage heureux, garder une bonne santé, une famille soudée, avoir trouvé un accomplissement professionnel, etc. Puis de l'autre côté de la feuille, notez à nouveau ces dix points par ordre de priorité. »

Simpliste ? Peut-être, mais utile. En faisant cela, Owen fit des découvertes : « Je me suis rendu compte qu'un emploi stable et bien payé venait en septième position. » Après avoir déterminé les numéros un, deux, trois..., définir des objectifs bien ciblés devient beaucoup plus facile. Et il est normal qu'au fil des années ces objectifs évoluent.

Les entreprises ont besoin d'objectifs tout autant que les individus et les mêmes règles s'appliquent : il faut les rendre clairs, simples et ne pas en prévoir trop à la fois.

Récemment, l'énorme groupe Motorola s'était fixé seulement trois objectifs majeurs : *continuer à multiplier par dix sur deux ans la qualité mesurée ; se mettre a parler le langage du client ; et réduire par dix en cinq ans le délai de mise sur le marché des produits.* Peu importe la signification et la pertinence de ces objectifs-là pour votre entreprise. Ce qui est important, c'est :

— que votre entité ait ses objectifs ;
— qu'ils soient clairement compris par tous les collaborateurs ;
— qu'ils soient à la fois stimulants et accessibles ;
— et que la réalisation de ces objectifs manifeste que l'entreprise a vraiment bien fonctionné.

Si trois objectifs précis constituent une vision suffisante pour mener une grande entreprise, imaginez ce que trois objectifs clairs et réalistes peuvent provoquer dans la vie d'une personne.

▶ 11 ◀

**Fixez-vous des objectifs
clairs, motivants et accessibles.**

CHAPITRE 12

CONCENTREZ-VOUS
SUR UNE LIGNE DIRECTRICE

*En 1933, David Burpee, célèbre botaniste de Philadelphie,
conçut l'idée qu'une fleur ordinaire et négligée pourrait être
rendue belle et attrayante. Cette fleur, c'était le souci,
d'odeur désagréable. Il décida alors de produire une variété
qui chatouillerait agréablement les narines au lieu de les
offenser. Il savait que le seul moyen était de trouver un
mutant, une fleur unique qui, par extraordinaire, n'aurait
pas cette mauvaise odeur. Du monde entier, il se fit envoyer
des graines de soucis et en reçut six cent quarante espèces
différentes. Il les planta et, quand elles eurent grandi et
fleuri, il les renifla, mais toutes avaient mauvaise odeur.
C'était décourageant, mais il s'obstina et, finalement, un
missionnaire du Tibet lui envoya quelques graines d'un
souci à la fleur rabougrie, mais inodore. Il le croisa avec une
de ses variétés bien développées et en planta quinze
hectares. Quand les plantes eurent poussé, David Burpee
appela son responsable d'exploitation et lui donna des
instructions qui firent penser qu'il avait perdu la tête. Il lui
dit d'aller à quatre pattes respirer chacun des plants sur les
quinze hectares. Si une seule plante à larges fleurs et sans
odeur pouvait être trouvée, la partie serait gagnée. « Mais
cela me prendra trente ans pour les respirer toutes ! »
protesta l'homme. On appela alors les agences locales pour
l'emploi, pour une requête sans précédent : on recrutait
deux cents renifleurs de fleurs ! Il en vint de partout, qui se
mirent au travail. Personne n'avait jamais vu de projet aussi
fou, mais David Burpee semblait savoir ce qu'il faisait.*

Enfin, un jour, l'un d'eux courut vers le contremaître.
« Je l'ai trouvée ! » criait-il. Ils se rendirent à l'endroit
qu'il avait marqué d'un bâton.
Et là se trouvait en effet un souci sans odeur.

DALE CARNEGIE

Margaret Thatcher a mené la Grande-Bretagne à travers des années difficiles de son Histoire. Il y eut la guerre des Malouines, une récession mondiale et quantité de soulèvements sociaux. Ces années démolirent nombre de carrières politiques et, première Anglaise au poste de Premier ministre, Mme Thatcher eut plus que sa part de difficultés. Cependant, les Anglais de tous les milieux politiques ont reconnu une chose : la Dame de Fer ne fondit jamais. Comment a-t-elle réussi à garder une telle force dans ces conditions ?

« Si vous dirigez un pays comme l'Angteterre, expliqua-t-elle peu après avoir quitté son poste, un pays fort, qui a sa part dans la direction des affaires du monde, un pays sur lequel on peut toujours compter, alors vous devez avoir en vous un peu de fer. »

Ce n'est vraiment pas si compliqué, d'après l'ancien Premier ministre : garder l'œil sur la cible, se discipliner, désirer absolument réussir. « Je ne connais personne qui soit arrivé au sommet sans travailler dur, dit-elle. C'est ça la recette. Elle ne vous portera pas forcément au sommet, mais elle vous en rapprochera. » Maggie Thatcher en était vraiment consciente. Ayez en tête un objectif clair que vous voulez vraiment atteindre, croyez en vous-même, soyez persévérant et arrangez-vous pour ne pas vous disperser. En affaires, en famille, en sport, en politique, suivez ces règles simples et vos chances de réussir seront fabuleuses.

Ivan Stewart avait un but, un rêve de longue date : participer à des compétitions automobiles d'endurance tout terrain, des courses de 300, 500 ou 1 000 miles, nécessitant des heures et des heures de concentration intense et de douleurs dans le dos. Il était certes conducteur, mais de travaux dans la construction. Il avait trois enfants à élever, des responsabilités, un prêt à rembourser sur sa maison... Il avait peu de chances d'atteindre son but, mais il avait un plan et il était bourré d'énergie pour le mettre à exécution. « Je voulais entrer dans la course et je me suis mis à travailler sur les voitures, les samedis et dimanches. Puis, j'ai piloté un peu, juste pour être dans le coup, sans jamais, à l'époque, penser devenir professionnel. »

Un jour, sa chance arriva. Un pilote, avec lequel Stewart avait travaillé, se cassa la jambe juste avant une course. La voiture était prête à partir. Le pilote n'avait pas d'autre choix que de laisser Stewart conduire. Avec son ami Earl Stahl à la place du passager, il se lança. Tout alla de travers. La voiture heurta un talus et se retourna. Ils s'embourbèrent. Les autres voitures filaient à toute allure à côté d'eux. Stewart semblait avoir irrémédiablement perdu sa seule chance de faire ses preuves. « A ce point, nous nous retrouvions en dernière position, dit-il, se rappelant cette toute première course. Tout le monde était parti, une voiture toutes les 30 secondes, avec une soixantaine de voitures en course. Toutes nous avaient dépassés. Nous avons repris et, 15 miles plus loin, le câble d'accélérateur de notre Volkswagen cassa. Je ne pouvais plus conduire. J'ai dit à Earl de prendre une clé à molette dans la boîte à outils, j'ai tiré le câble cassé qui était tout juste assez long pour s'enrouler sur la clé. Nous avons fait ça très vite. En moins de 10 minutes, nous avions un accélérateur à main, de sorte que je pouvais le manier et conduire de l'autre main. Et sans direction assistée. Il fallait de la détermination et j'en avais ! J'ai dit à Earl : "J'ai besoin de toi pour passer les vitesses." C'était une boîte manuelle. "Je te donnerai un coup de coude chaque fois que tu devras changer." Je jouais de l'embrayage, de l'accélérateur, du coude, j'étais bien empêtré, et lui se retrouvait dans la mauvaise vitesse. De toute façon, ça roulait quand même. Je débrayais, j'embrayais, j'accélérais, je lui donnais un coup de coude et il passait la vitesse. Assez vite, il comprit ce qu'il fallait faire. C'était un peu bancal parce que, de temps en temps, il passait à la vitesse inférieure quand je voulais la vitesse supérieure, et vice versa. Mais nous sommes devenus plutôt bons. Nous avons commencé à rattraper le retard dans ces 300 miles. Nous avons doublé une première voiture, puis une autre. Un travail d'équipe. Franchement bon. Du vrai pilotage. On fonçait, vous savez, et pour abréger cette longue histoire, nous avons gagné la course ! Nous l'avons vraiment gagnée. »

Cette concentration et cette discipline, voilà ce qui est nécessaire pour gagner la course, dans tous les domaines de la vie.

Stewart continua et devint le champion américain de la spécialité. Il gagna « l'Homme de Fer » du trophée Valvoline, le plus prestigieux dans ce sport, qui lui valut souvent le surnom d'« homme de fer ». Et à 47 ans, âge avancé dans cette discipline physiquement très éprouvante, Stewart vient de signer un contrat de trois ans avec Toyota. « Ils savent que je vieillis et que plein de jeunes entrent dans le circuit. Mais c'est un challenge supplémentaire, pas une raison pour abandonner. » Qui sait ? L'homme de fer courra peut-être encore à 60 ans...

C'est cette concentration sur un objectif, quel que soit le domaine d'activité, qui sépare ceux qui réussissent de ceux qui échouent.

Voilà, d'après Thomas Saunders, de Saunders Karp & Company, le seul grand secret pour obtenir des concours financiers importants : « Quand il a fallu trouver un énorme montant d'investissements pour Morgan Stanley, il y a quelques années, nous avons réussi à obtenir des engagements pour deux milliards trois cents millions de dollars. C'était en importance le deuxième montant jamais rassemblé pour une augmentation de capital. Je pense qu'une grande part du succès que nous avons remporté vient de notre détermination : nous étions préparés à ne pas nous laisser rejeter, à ne pas accepter un "non" comme une réponse valable. Nous avions la volonté de revenir à la charge, d'insister, de rechercher pourquoi quelqu'un avait refusé et de l'amener à dire oui. »

Fred Sievert, directeur financier de la New York Life Insurance Company, apprit de son père cette qualité de persévérance. « La grande passion de sa vie, raconte-t-il, c'était de jouer de la trompette. Il a joué avec les plus grands orchestres, y compris ceux de Harry James, Artie Shaw et Jack Teagarden. C'était un trompettiste exceptionnel. Et même alors, il ne cessa jamais de faire des gammes. Et je me disais : "Il a beau être un des meilleurs trompettistes du pays, il fait des gammes, pendant des heures, jour après jour." Il pouvait les jouer toutes et m'expliquait que s'il les connaissait parfaitement et pouvait les jouer rapidement, il pouvait apprendre n'importe quel air. »

La même vision constante de la cible a permis, à seize ans d'intervalle, à deux gouverneurs du Sud d'accéder à la Maison-Blanche. L'un, à la voix douce, avait une exploitation de cacahuètes en Géorgie : Jimmy Carter. L'autre venait de Hope, petit point sur la carte de l'Arkansas : Bill Clinton.

Quand Carter démarra sa campagne en 1976, rares étaient les professionnels de politique nationale qui lui donnaient beaucoup de chances. En dehors de la Géorgie, presque personne n'avait entendu parler de lui. De plus, nombre de démocrates brillants lui barraient le chemin, et la première étape de la campagne, le New Hampshire, était bien loin de sa Géorgie natale. Quand Clinton se présenta en 1992, sa réussite paraissait tout aussi peu probable, quasiment pour les mêmes raisons. Il n'était guère plus connu que Carter au même stade, et le président républicain sortant venait de gagner une guerre, dont la popularité avait été immense.

A en croire les experts, aucun des deux n'avait beaucoup de chances. A la fin des primaires, ces deux fils du Sud auraient dû être hors course. Ce n'est évidemment pas ce qui s'est passé et de nombreuses raisons l'expliquent. Mais parmi les plus importantes se trouve la cible qu'ils s'étaient fixée et la discipline qu'ils s'étaient imposée pour leur campagne. Au long de ces parcours harassants, les deux hommes avaient bien des raisons d'abandonner. Contre Carter, outre qu'il n'était pas connu, se profilait la menace de Ted Kennedy, dont on pensait qu'il représentait le choix des « vrais démocrates ». Contre Clinton s'inscrivaient des éditorialistes influents, la puissance d'un président en exercice et un autre adversaire imprévisible nommé Perot.

Ces handicaps n'arrêtèrent pas Carter en 1976, pas plus que Clinton en 1992. Et dans les deux cas, la principale raison était une concentration totale. Ils savaient exactement ce qu'ils voulaient. Ils travaillaient en vue d'un objectif précis, un rêve que chacun d'eux avait caressé depuis l'enfance. Il en résultait une motivation surhumaine. Ils travaillaient comme des fous, gardaient l'œil sur l'objectif et emportèrent le prix.

La persévérance est l'autre élément de l'équation. Pour obtenir ce que vous voulez dans la vie, il faut croire en vous et être déterminé à lutter pour l'obtenir. Essayez encore et encore.

Burt Manning, de J. Walter Thompson, une des plus grandes agences de publicité au monde, débuta dans la profession comme *copywriter*, c'est-à-dire concepteur de textes publicitaires. Il devint le seul « créatif » à diriger cette société, qui s'est occupée des campagnes de clients aussi importants que Ford, Lever Brothers, Nestlé, Kellogg, Kodak, Goodyear...

Bien sur, le talent et la créativité sont indispensables dans une profession aussi concurrentielle que la communication publicitaire, mais sans un travail assidu, permanent et « bien focalisé », tout le talent et la créativité ne servent à rien. Une leçon que Manning apprit par lui-même au début de sa carrière.

Il avait conçu ce qu'il pensait être une magnifique campagne pour son premier gros client. Ce client, c'étaient les bières Schlitz. L'accroche que proposait Manning allait devenir l'un des slogans publicitaires les plus connus aux Etats-Unis : « *When you're out of Schlitz, you're out of beer* » (Quand vous manquez de Schlitz, vous manquez de bière). Manning croyait dur comme fer en cette campagne, mais, aussi étonnant que cela paraisse aujourd'hui, le client n'y croyait pas. La Schlitz Brewing Company considérait l'idée comme négative et voulait qu'on lui présente un concept plus valorisant. Mais Manning n'était pas prêt à abandonner : il revint à la charge six fois ! « J'ai pu insister autant, essentiellement parce que ma relation avec ce client me permettait de le faire sans qu'il me fiche dehors. La sixième fois, il a dit : "D'accord. Je ne pense pas vraiment que ce soit la bonne solution, mais si vous le pensez tant, testez l'idée quelque part." » Le reste fait partie de l'histoire de la publicité. Le talent et la créativité de Manning ont réalisé une campagne de rêve. Mais seule son insistance avait permis de la présenter au public.

Dale Carnegie l'énonce ainsi : « La patience et la persévérance permettent d'accomplir plus qu'un esprit brillant. Rappelez-vous cela quand quelque chose va de travers. Ne permettez pas à quoi que ce soit de vous décourager, écrit-il. Persévérez. N'abandonnez jamais. Ce fut la règle de presque tous ceux qui ont réussi. Evidemment, le découragement arrivera. L'important c'est de le surmonter. Si vous pouvez le faire, le monde vous appartient. »

De façon pratique, cela veut dire qu'il faut vous rappeler constamment votre objectif fondamental, que ce soit vendre une campagne, gagner une course automobile ou vous faire élire comme président. Puis travailler, sans dévier, vers cet objectif, en persévérant. Ce n'est pas toujours facile. Il faut franchir chaque étape, maîtriser chaque détail, de chaque travail, à chaque fois. C'est cela qui vous rend plus précieux dans une entreprise, plus apprécié dans un groupe, plus sûr aux yeux de vos collègues et amis.

« Quand j'entre dans un bureau et que je vois une pile de notes pour des coups de téléphone à donner, je pense : "Ce type-là ne maîtrise pas la situation", dit Martin Gibson, directeur général de Coming Lab Services. Si vous ne rappelez pas vos correspondants, cela peut vouloir dire que l'on ne peut pas compter sur vous. Ce sont ces petites choses qui marquent. »

A ceux qui montrent qu'on peut compter sur eux, on donne des occasions plus importantes de le prouver à nouveau. Gibson déclare : « Les autres savent s'ils peuvent compter sur vous : quand ils vous demandent de faire quelque chose, qu'ils n'ont pas besoin de vous relancer, qu'ils savent que vous le ferez, c'est ça la fiabilité. Montrez que vous êtes sûr. Ne soyez pas de ceux qui ne rappellent pas leurs correspondants, qui, recevant un mémo du président et ne sachant pas trop quoi répondre, le mettent de côté et l'oublient. Le président se pose alors des questions et doute de vous. »

C'est par ces milliers de détails que se construit chaque jour le succès ou l'échec. « Ce sont des valeurs sûres, telles qu'arriver tôt à un rendez-vous, faire ce que vous avez promis et être fier de votre travail, dit Joyce Harvey de Harmon Associates. Si vous établissez une lettre de crédit, il faut respecter les quatre étapes. Vous ne pouvez pas laisser de côté la troisième. Les erreurs sont coûteuses. N'allez pas trop vite. Vérifiez les détails et ne perdez pas de vue votre objectif. »

Ross Greenburg découvrit l'importance de la discipline et de la concentration un soir de 1990, quand Mike Tyson fut mis K.O. par Buster Douglas. Tyson était alors le champion du monde incontesté des poids lourds. Douglas était courageux, mais on lui accordait peu de chances. Au moment du match, Greenburg, le directeur de production de HBO, chaîne de télévision sportive, avait déjà produit plus de cent combats importants pour la télévision. Mais même pour un vétéran comme Greenburg, la concentration peut parfois être malmenée par un événement dramatique.

« Au deuxième round, rappelle-t-il, ça marchait fort pour Douglas et très mal pour Tyson. Tyson avait encaissé trois ou quatre directs et mes collègues et moi avions souligné ce fait. Jusque-là, très bien. Au quatrième round, Douglas envoya plusieurs coups qui sonnèrent Tyson et provoquèrent une clameur. Les techniciens du camion de retransmission commençaient à comprendre ce qui se passait. Fait exceptionnel, nous étions pris par l'événement sportif lui-même plutôt que par nos responsabilités. Je m'en souviens très bien, comme tous ceux qui travaillaient avec moi. Réalisant cela, je leur dis : "Maintenant tout le monde se détend. Rappelez-vous que nous avons un travail à faire. Si vous vous laissez trop prendre par l'événement, vous oublierez ce qu'il faut faire." C'était tout ce qu'il fallait dire.

Immédiatement, chacun se garda de réagir trop spontanément à l'événement et se remit à l'œuvre, repassant les coups déterminants au ralenti pour les téléspectateurs. » Le direct laisse peu de place à l'inattention. Mais Greenburg admet qu'il n'était pas loin, en ce soir mémorable, de perdre sa concentration.

Il n'y a pas qu'à la télévision que la concentration est nécessaire. Celle dont fit preuve le Dr Scott Coyne en est un exemple tout à fait remarquable. Le Dr Coyne fut le premier médecin à arriver sur les lieux d'une catastrophe aérienne près de chez lui, à Long Island : un Bœing 727 de la compagnie Avianca venait de s'écraser, par une nuit de janvier. Pendant plus d'une heure, Coyne fut le *seul* médecin présent. Il s'occupa des blessés, un par un. Il devait également les calmer. Il avait une minute ou deux pour chacun, et cela sans pouvoir échanger une parole : la plupart des passagers étaient des Colombiens, ne parlaient pas anglais, et l'espagnol de Coyne se limitait à « *Doc-tor, Doc-tor* ». Il se fit comprendre, dit-il, en mobilisant toutes les fibres de son être.

« J'avais sur moi un stéthoscope, raconte-t-il, au sujet de cette nuit tragique. Je répétais : *"Doc-tor"*. Certains pleuraient et criaient. Je ne savais pas s'ils criaient parce qu'ils avaient peur ou parce qu'ils étaient blessés. J'arrivais à communiquer en touchant leur visage. Je pouvais lire dans leur regard à quel point ils étaient blessés.

« Je devais garder mon sang-froid, les soutenir et essayer de les rassurer, simplement par mon expression et ma main sur leur visage. Je ne pouvais obtenir d'eux la moindre explication. Impossible de leur demander où ils étaient blessés, où ils avaient mal. Je devais littéralement palper chaque patient de la tête aux pieds et je trouvais des fractures absolument effrayantes. Je n'avais jamais vu ça. Des jambes pratiquement détachées. Je réduisais des fractures, faisais au mieux des intraveineuses et passais au suivant pour recommencer cet examen manuel. Une expérience surréaliste, tellement la décharge d'adrénaline était forte. »

Concentration intense, à 100 %. C'est ce qui aida le Dr Coyne. Sa concentration était si forte que tout ce qui se passa alentour ne lui effleura même pas l'esprit. Il s'en rendit compte plus tard, quand il fut amené à parler de cet accident lors d'un stage de gestion du stress. Les autres membres du groupe décrivaient tout le tohu-bohu que vous imaginez dans de telles circonstances : des ambulances, des voitures de pompiers, d'incessants appels radio, les cris des survivants et les appels des ambulanciers... Coyne n'avait rien perçu de tout cela : « Je me souviens d'un calme étonnant. Je devais tellement me concentrer que je n'entendais rien. J'étais comme en transe. La seule chose que j'aie entendue, ce sont les hélicoptères qui sont venus, au bout d'une heure, évacuer certains blessés. »

La concentration sur une cible, la capacité à faire abstraction de toute distraction, pour poursuivre seulement ce qui est important, voilà ce qui, cette nuit-là, permit de sauver plusieurs vies.

▶ 12 ◀

Les leaders ne perdent jamais leur concentration. Ils gardent leur cible en perspective.

CHAPITRE 13

MAINTENEZ VOTRE ÉQUILIBRE

*Par des tests rigoureux, l'armée américaine a découvert que
même des hommes jeunes, endurcis par un solide
entraînement militaire, marchent mieux et « tiennent le
coup » plus longtemps s'ils posent leur sac et se reposent dix
minutes par heure. Elle a adopté ce principe. Or, notre cœur
est aussi intelligent que l'état-major des armées de l'oncle
Sam. Notre cœur pompe chaque jour assez de sang pour
remplir un wagon-citerne. Et il fournit
pendant cinquante, soixante-dix ou quatre-vingt-dix ans.
Comment réalise-t-il cet exploit ? Le Dr Walter Cannon, de
l'école de médecine de Harvard, l'explique ainsi : « On
pense que le cœur travaille constamment, mais, en réalité, il
se repose après chaque contraction. Lorsque le cœur bat au
rythme modéré de soixante-dix pulsations/minute, il
travaille en réalité seulement neuf heures sur vingt-quatre.
Ses périodes de repos totalisent quinze heures par jour. »
Durant la Seconde Guerre mondiale, Winston Churchill fut
capable, pendant cinq années, à partir de l'âge de soixante-
dix ans, de travailler seize heures par jour à diriger l'effort
de guerre. Un record phénoménal. Son secret ? Chaque
matin, il travaillait au lit jusqu'à onze heures, lisant les
rapports, dictant ses ordres, téléphonant, tenant des
réunions. Après le déjeuner, il s'allongeait pour dormir
une heure. Le soir, il se couchait à nouveau et dormait deux
heures avant de dîner. Il n'accumulait pas la fatigue parce
qu'il la prévenait ! Grâce à ces périodes de repos,*

*courtes mais régulières, il pouvait travailler
jusqu'au milieu de la nuit.*

DALE CARNEGIE

Mgr Tom Hartman est prêtre depuis plus de vingt ans. Toute sa vie est consacrée à Dieu et au service de son prochain. Ses journées se passent à consoler ceux qui sont dans le besoin, à s'occuper des malades, à conseiller des désorientés, à essayer de rapprocher chacun de Dieu. Un élément manquait cependant à ses journées si occupées.

Un matin, son père l'appela à la cure. A cette époque, le prêtre était affecté à la paroisse de Seaford, à Long Island ; son père était commerçant non loin de là, à Farmingdale. Pendant sa jeunesse et ses premières années de prêtrise, il n'avait jamais entendu ses parents lui faire la moindre critique. Mais au téléphone, ce matin-là, la voix de son père avait un ton quelque peu irrité. « Tom, j'aimerais te voir, j'ai à te parler. » Rendez-vous fut pris. Quand ils se rencontrèrent, le père exprima immédiatement ce qu'il avait sur le cœur : « Tom, ta mère et moi t'admirons beaucoup. Nous avons constamment des échos du bon travail que tu accomplis et nous sommes fiers de toi. Mais je pense que tu oublies ta famille. Tu dois, je le comprends, aider beaucoup de gens, mais la plupart d'entre eux ne font que passer, alors que ta famille est toujours là. Or, quand tu nous appelles, c'est à chaque fois pour demander de faire quelque chose pour toi. Tu sembles trop occupé pour prendre le temps d'une conversation. »

Tom Hartman resta un moment abasourdi, puis répondit : « Eh bien, papa, en grandissant, je t'observais, tu travaillais dur, soixante-dix heures par semaine, et je t'admirais. Alors, vois-tu, j'ai fait de

même. » Mais son père ne paraissait pas convaincu :
« Ce que tu ne saisis pas, Tom, c'est que ton travail
est plus difficile que le mien. Mon travail était surtout physique. Quand je rentrais, j'étais disponible
pour ma famille. » Tom Hartman ne savait que dire
et apprécia d'entendre son père déclarer qu'il n'attendait pas de réponse immédiate. « Je veux simplement
que tu y réfléchisses », dit-il. Préoccupé par cette
conversation, Mgr Hartman décida d'annuler ses
rendez-vous de la journée et appela ses frères et
sœurs. Il raconta plus tard ce qu'il découvrit en leur
téléphonant. « Après deux ou trois minutes de
conversation, chacun d'eux me demanda exactement
la même chose : "Qu'attends-tu de moi ?" Et là, j'ai
dû admettre que mon père avait raison. »

Même cet homme, dont la mission réclamait perspective et équilibre, avait besoin de s'entendre dire
qu'à ce sujet il ne pratiquait pas ce qu'il prêchait.
C'est une erreur que chacun commet de temps en
temps : il est en effet vital d'équilibrer sa vie, de faire
place à autre chose que le travail. Non seulement
cela apporte plus de bonheur et de satisfaction personnelle, mais, presque inévitablement, cela nous
donne plus d'énergie, de concentration et d'efficacité
professionnelle.

Walter A. Green, président d'Harrison Conference
Services, compare une vie équilibrée et productive à
un siège supporté par plusieurs pieds. Trop de personnes, d'après lui, sont unidimensionnelles, trop
focalisées en permanence sur le travail. « D'après
mon expérience, cette monodimension dure souvent
toute la vie. J'aimerais vous recommander de faire
reposer votre vie sur plusieurs pieds, comme un
tabouret : l'un pour votre famille, les autres pour vos
amis, vos passions, votre santé. J'ai connu des personnes de trente, quarante ou cinquante ans dont les
carrières n'ont pas progressé comme elles l'espé-

raient. C'est dangereux pour ceux dont la vie ne repose que sur un pied. »

Même pour qui connaît vraiment le succès, c'est un problème. « A un certain stade de la vie, poursuit Green, on désire autre chose. Après l'âge mûr, il est encore possible de commencer à cultiver des amitiés et des intérêts. Mais regardez un quinquagénaire apprenant à rouler à bicyclette, ce n'est pas particulièrement gracieux ! »

L'importance de l'équilibre, pour les individus et pour les entreprises qui les emploient, n'est pleinement comprise que depuis peu. Et partout, les sociétés bien menées aident leurs membres à équilibrer leur vie.

Au siège new-yorkais de Tiger Management, société internationale de gestion de fonds, une salle de gymnastique tout équipée a été installée à côté du bureau du président. Tous les collaborateurs sont invités à l'utiliser. Le président Julian Robertson déclare fièrement : « La taille de la salle de gym va bientôt tripler : les jeunes aiment y venir après le travail. Le fait qu'ils viennent ici plutôt que d'aller dans des clubs en ville présente pour nous un énorme avantage : ils se parlent, échangent des idées, c'est bon pour nous, et, bien sûr, c'est bon pour eux, physiquement et mentalement. »

« Je ne crois pas possible d'être un excellent cadre ou dirigeant sans avoir une personnalité complète », dit André Navarro, président de Sonda, compagnie de systèmes informatiques vendus en Amérique du Nord et du Sud. Il aime cette analogie : « Si vous voulez être un athlète, par exemple lanceur de javelot, il ne suffit pas d'avoir un bras très puissant, tout le corps doit être fort. Et si vous voulez être un bon leader, toutes les parties de votre vie doivent être solides. Voyez-vous, un bon dirigeant, qui prend de grandes décisions et fait prospérer son entreprise, mais s'entend mal avec son conjoint ou ses enfants, ou les autres en général, rate une partie fondamentale de la vie. Pour être un bon leader, vous devez être un homme complet ou une femme complète. Et la part la plus importante, c'est la famille. »

Chez Ford, Richard Fenstermacher soutient la même idée : « Nous disons à notre personnel : votre vie comporte deux dimensions. Si vous vous identifiez complètement à Ford, vous aurez des problèmes, à cause de vos responsabilités envers votre famille. »

Bien sûr, la plupart des leaders modernes ne parviennent pas à un parfait équilibre permanent. Les nombreuses balles avec lesquelles ils jonglent ne restent pas facilement en l'air. La tendance des ambitieux est de placer le travail en premier. Cela leur semble tellement plus urgent, tellement plus impératif, tellement plus crucial.

A la New York Life, Fred Sievert, tiraillé entre différents domaines de sa vie, reconnaît franchement qu'il a des difficultés à les gérer. Il admet : « Je lutte chaque jour pour équilibrer ma vie. Je pourrais littéralement passer toutes mes heures éveillées au travail et, d'ici un an, ne pas savoir tout ce que j'aimerais savoir. C'est très difficile. »

C'est vrai. « Une répartition raisonnable de son temps entre travail et loisirs est un défi difficile à relever », selon Ray Stata. Mais cela vaut la peine de s'y attaquer.

John Robinson, du Fleet Financial Group, a compris les bienfaits que lui apporte une vie familiale heureuse. « Il n'y a jamais eu aucun doute dans mon esprit sur ce qui est le plus important pour moi, dit-il. Un titre impressionnant ? Un salaire élevé ? Des actions dans la société ? Une résidence secondaire ? Non, le plus important pour moi, c'est mon épouse, ma famille et moi-même. Alors, comment faire ? J'essaie de garder l'équilibre et, si j'ai passé trop de temps au bureau mais pas assez avec ma famille, je me dis : "Je ne vais pas abuser, je vais refuser ce repas d'affaires pour ne pas pénaliser ma vie de famille." »

Si on leur posait la question, la plupart des gens diraient probablement comme Robinson : la famille est ce qu'il y a de plus important ; un temps de loisirs est aussi indispensable. Mais peu agissent selon ce concept. Ils ne font pas de cet équilibre une priorité. Ils prennent l'habitude de réagir aux pressions du travail et laissent de côté les bienfaits d'une vie personnelle satisfaisante.

Après les révélations de sa famille, Mgr Tom Hartman apprit à « passer du temps ». Il explique : « J'essaie de me réserver une heure par jour pour faire ce que je veux. Je passe du temps avec Dieu, avec d'autres personnes, avec la nature. Cela m'a ouvert les yeux. Il est tellement important de ne pas forcer les choses et de les apprécier. » Appréciez votre famille, vos amis, votre entourage, vous-même, ce qui vous change de vos responsabilités.

Chez Michael et Nancy Crom, près de San Diego, en Californie, le samedi est toujours réservé à cela. Tandis que Nancy en profite pour dormir un peu plus, Michael et sa fille Nicole préparent des crêpes, le plat préféré de Nicole. Ils vont tous deux dans le jardin voir les fraisiers, arroser les fleurs et nourrir les oiseaux. Il lui raconte les histoires de la vie de Nicky-Nicole et de Belinda McIntosh, les personnages qu'ils ont inventés ensemble. « Nous faisons cela tous les samedis, que j'aie voyagé ou travaillé au bureau, déclare Michael. Lire la joie dans les yeux de ma fillette me rend joyeux également. »

Wolfgang Schmitt, de Rubbermaid, se promène avec sa famille presque tous les soirs. « Il est bien rare que nous ne sortions pas pour une promenade, explique Schmitt. Si nos grands fils sont là, ils nous accompagnent. Le plus jeune vient toujours puisqu'il vit à la maison. Nous sortons simplement pour marcher une heure ou presque, quel que soit le temps. » Schmitt se ménage également des moments de solitude. « Accomplir un travail physique, c'est une cure. Ramasser des feuilles, couper du bois, planter des arbres... Tout travail manuel a un effet thérapeutique. »

Même si cela veut dire se lever à trois heures du matin, Bill Makahilahila, de SGS-Thomson, s'arrange pour avoir du temps à lui chaque jour. Il explique ainsi son habitude de se lever avant l'aube : « Je suis occupé toute la journée. Je suis souvent au travail jusqu'à vingt heures et je dois y être tôt le matin. Je ne sais pas pourquoi, j'ai pris l'habitude de méditer au petit matin. Tout est alors tellement calme, je peux me détendre, imaginer, lire. réfléchir à ma journée. Les bienfaits sont immédiats : après cela, j'ai l'esprit en paix, et j'ai confiance même devant les problèmes les plus ardus que j'ai à traiter. »

David Luther, de Corning, fait du jogging. Il prend ses vacances quatre fois par an, avec sa femme et son fils, pour faire du ski ou parcourir les plages. Il s'arrange pour lire des ouvrages non professionnels et, faute de mieux, dit-il, s'installe dehors « pour regarder les faucons ».

Après avoir analysé comment apprécier votre temps de loisirs, apportez au travail un peu de ce même esprit. Qui a décrété qu'un bureau devait être un endroit triste ?

Hugh Downs, présentateur de journal télévisé, utilise la méthode de Churchill pour se détendre dans la journée. « Une chose que j'ai en commun avec des grands de ce monde, la seule, c'est que je peux dormir de très courtes périodes et me sentir reposé, déclare Downs. Je peux m'asseoir sur une chaise, m'endormir trois ou cinq minutes et me réveiller comme si j'avais dormi toute une nuit. Quand je vais passer à l'antenne, il m'arrive de me retirer dans ma loge en disant : "Réveillez-moi deux minutes avant mon émission." Cela fait rire ma femme, qui me dit : "Si tu étais condamné à mourir dans deux heures, tu dormirais la première heure et tu réfléchirais au problème pendant la deuxième !" Sans doute. S'il n'y avait rien que je puisse faire la première heure, je trouverais peut-être le moyen de faire un petit somme. »

Ce qui est toujours bon, où que vous soyez, c'est de maintenir un véritable équilibre dans votre vie. C'est l'avis de John Robinson, de Fleet Financial : « Il y a de multiples façons de s'investir dans des activités extérieures. Chaque fois que nous le faisons, cela ajoute un élément d'équilibre, que ce soit dans une activité bénévole, un club ou une école. »

Le chanteur Neil Sedaka avait à Brooklyn des amis proches, un jeune couple ambitieux qui aimait profiter de la vie. Au fil des ans, tous deux connurent une réussite professionnelle remarquable, mais en perdant quelque chose en route. C'était l'équilibre dans leur vie. Sedaka écrivit à leur propos une chanson, *The Hungry Years,* qui devint célèbre. « Ils luttèrent pour arriver au sommet, à la réussite, à l'argent. Et, touchant finalement au but, ils regrettaient le temps de leurs débuts, quand ils luttaient ensemble. » Il n'y a rien à reprocher au succès matériel, mais l'argent seul ne fait pas le bonheur.

Comment commencer à mieux équilibrer votre vie ?

Première étape : *changez d'attitude.* Considérez le temps accordé à la famille, à l'exercice physique ou aux loisirs comme important.

Deuxième étape : *prévoyez du temps pour une activité de loisirs.* Beaucoup d'entre nous sommes trop pris. Il est temps de réévaluer les priorités. Décidez de mettre autant d'énergie à planifier votre temps de loisirs que votre journée de travail.

Troisième étape : *agissez.* Impliquez-vous dans des activités extra-professionnelles. Vous y gagnerez en bonheur, santé, équilibre, et vous serez finalement un meilleur leader.

► 13 ◄

Un bon équilibre entre travail et loisirs favorise des performances régulièrement élevées.

CHAPITRE 14

CRÉEZ
UNE ATTITUDE MENTALE POSITIVE

*Lors d'une émission à la radio, on me demanda un jour de
dire en trois phrases la leçon la plus importante que j'avais
tirée de la vie. C'était facile. « La leçon la plus importante
que j'ai tirée, dis-je, c'est l'importance considérable de nos
pensées. Si je savais ce que vous pensez, je saurais qui vous
êtes, car vos pensées font de vous ce que vous êtes.
En changeant nos pensées, nous pouvons changer nos vies. »
Je sais maintenant avec une certitude absolue que le plus
grand problème que vous et moi ayons à résoudre, en fait
presque l'unique problème, c'est de choisir des pensées
justes. Si nous pouvons le faire, nous serons en bonne voie
pour surmonter toutes nos difficultés. Marc Aurèle,
le grand empereur philosophe romain, a résumé cela en neuf
mots, neuf mots qui peuvent déterminer notre destin :
« Notre vie est ce que nos pensées en font. »
Si nos pensées sont joyeuses, nous serons joyeux.
Si nous pensons à notre malheur, nous serons tristes.
Si nous entretenons des pensées craintives,
nous aurons peur. Si nous sommes obsédés par la maladie,
nous risquons de tomber malade. Si nous pensons
continuellement à l'échec, nous échouerons sans doute.
Si nous nous plaignons sans cesse, tout le monde nous
évitera. Est-ce à dire qu'il faille adopter une attitude
d'insouciance béate face à tous nos problèmes ? Non.
La vie n'est pas si simple.*

Mais je recommande, de la façon la plus vigoureuse,
d'adopter une attitude positive plutôt que négative.

DALE CARNEGIE

Denis Potvin était l'homme le plus haï ce soir-là, au Madison Square Garden. Dès qu'il arriva sur la glace, le capitaine de l'équipe de hockey *New York Islanders* fut accueilli par des huées, entre autres quolibets. C'était l'ennemi juré de l'équipe des *New York Rangers,* qui jouaient sur leur propre terrain. La puissance de Potvin sur la glace, ses déclarations tonitruantes et son style fracassant l'avaient fait détester par les supporters des Rangers. « Ils criaient si fort que mes équipiers étaient perturbés, raconte Potvin. Avant le match, certains essayaient de me dire dans les vestiaires : "Allez, on va leur mettre une raclée", mais n'arrivaient pas à parler. D'autres ne pipaient pas. Que dire à quelqu'un qui est haï à ce point ?

« Un soir, nous étions en rang sur la ligne bleue, juste avant le début du match, dit-il. A cette époque, on baissait les lumières pendant l'hymne national. Un projecteur éclairait un chanteur et le drapeau. Depuis cette nuit-là, on ne le fait plus avant les matchs de hockey à Madison Square. Je me tenais debout, le casque enlevé comme d'habitude. Les supporters adverses commencèrent à jeter des objets. J'entendis quelque chose siffler à mon oreille. J'en eus un frisson de la tête aux pieds. Je ne savais pas ce que c'était, mais je frissonnais. J'avais vraiment, vraiment peur. Quand les lumières se rallumèrent, je suis allé voir : c'était une batterie de neuf volts, énorme, qui avait été jetée d'en haut. Elle aurait très bien pu m'atteindre à la tête. »

A ce moment-là, ce géant du hockey eut le choix : se laisser submerger par toute cette hostilité des milliers de personnes qui l'injuriaient ; se laisser chasser de l'arène par la peur et la colère ; ou jouer devant une foule furieuse et probablement dangereuse. Potvin décida de jouer. Il resta dans l'arène et transforma ces menaces de pleutres en un défi personnel. Il mobilisa toute cette énergie négative pour alimenter une force incroyablement positive. Tout cela dans sa tête. « C'était un aiguillon. J'ai très bien joué ce soir-là et, depuis ce jour, j'ai toujours eu la baraka dans ce stade. J'étais incroyablement motivé, parce que la seule façon de répondre à cette foule hostile était de gagner chez eux. Dès que j'avais le palet, j'étais hué. Quand je marquais un but, j'étais hué. Quand je heurtais un joueur, j'étais hué. Et je commençais à trouver ça drôle. Vraiment. Tout à coup, ça me dépassait. Et Madison Square Garden devint le seul terrain de la Ligue nationale de hockey où, dès mon arrivée au stade, je me sentais prêt à me défoncer. Ils étaient Goliath et moi le petit David sur la glace. Mais j'étais en pleine maîtrise, plus que n'importe qui dans ce stade. J'allais le prouver et, à chaque fois, j'y jouais à fond. »

L'attitude mentale, la puissance de notre esprit, la façon dont la réalité peut être changée spectaculairement par une seule pensée : cela paraît difficile à accepter. « Pensez bonheur et vous serez heureux. Pensez succès et vous réussirez. » Ou sur la piste de Madison Square Garden : « Transformez ce mur d'hostilité en énergie positive. » Dale Carnegie et Denis Potvin ont-ils tous deux glissé jusqu'à l'aberration ? Pas du tout. Ils connaissaient le pouvoir de l'attitude. Ce n'est pas ce que vous mangez qui détermine ce que vous êtes. *Vous êtes ce que vous pensez.* Contrairement à ce qu'on croit souvent, les influences extérieures déterminent peu notre bonheur personnel. Ce qui compte, c'est notre façon de réagir à ces influences, bonnes ou mauvaises.

Marshall et Maureen Cogan ont réussi, financièrement et professionnellement. Lui, comme associé dans une grande banque d'investissements de New York. Elle, comme étoile montante de l'édition, rédactrice en chef de la revue *Art & Auction*. Leurs trois enfants étaient à l'école privée, avec de bons résultats. Le couple possédait un bel appartement en ville et venait de faire construire une maison de vacances à East Hampton, près de l'océan. Une grande maison moderne, étonnante, que venaient visiter des gens du monde entier. Elle avait reçu plusieurs prix d'architecture et de décoration. Elle avait figuré dans plusieurs revues nationales. Et les jeunes Cogan semblaient aimer cette maison autant que leurs parents.

Arrivèrent des difficultés : Marshall, qui s'ennuyait un peu dans sa banque, se mit à son propre compte. Malgré de grands espoirs, les encouragements de ses collègues et amis, la nouvelle affaire ne réussit pas à décoller. Les temps étaient peu propices, c'était le début d'une récession. Du coup, la société dans laquelle il avait investi toutes ses économies ne valait plus grand-chose et les revenus envisagés se volatilisaient. Par-dessus le marché, en pleine lutte pour sauver son affaire, Marshall attrapa une hépatite qui le cloua un mois au lit. Ses banquiers furent compréhensifs à titre personnel, mais ne modifièrent pas d'un pouce leurs exigences : « Vous devez vendre la maison. » Il ne supportait pas cette idée et n'osait pas l'annoncer à sa femme. Il redoutait sa réaction et celle de leurs enfants. Il n'aurait pas dû tant se tracasser. « Eh bien, nous vendrons la maison, c'est tout ! » dit Maureen. Ils vendirent la maison et jusqu'au dernier meuble. Il ne leur restait plus que les vêtements à emballer, les jouets des enfants à rassembler, puis à éteindre les lumières et fermer la porte.

« Nous devrions emmener les enfants à la maison, dit Maureen, la veille de l'arrivée des nouveaux propriétaires. Nous donnerons à chacun un grand sac pour y mettre tous les jouets à emporter. » Son mari n'était pas convaincu : « Je ne veux pas que les enfants voient ça, dit-il. Je ne veux pas qu'ils y soient mêlés. Toi et moi allons le faire. — Pas question, rétorqua Maureen. Ils vont venir. Ils verront bien ce que c'est que l'adversité. Ils comprendront, parce qu'ils vont te voir remonter la pente et ils se rendront compte que, si une tuile leur tombe un jour dessus, ils peuvent redresser la situation. »

Les parents se mirent d'accord et tous partirent pour East Hampton. Les enfants débarrassèrent leur chambre, tandis que les parents rassemblaient leurs effets personnels. Au moment de partir, ils restèrent un instant tous ensemble sur le perron, puis Marshall ferma la porte. Sur la route du retour, Maureen le rasséréna : « Relativisons un peu. Nous ne partirons pas en vacances aux Caraïbes. Nous ne viendrons plus à East Hampton, mais la vie continue. » Puis elle dit aux enfants : « Nous n'avons plus de maison, mais nous avons un bel appartement. Nous sommes ensemble. Papa est en bonne santé et il va lancer une nouvelle affaire. Tout ira bien. »

Et ce fut le cas. Les enfants n'eurent pas à changer d'école. Ils purent même partir en vacances. Marshall refit surface dans les affaires. Le plus important, c'était la leçon retirée, une leçon qui servit à nouveau vingt ans plus tard. Maureen explique : « Mon fils aîné connut un revers. Il avait créé une société qu'il a dû fermer pour ne pas tomber en faillite. Pour lui, à vingt-cinq ans, c'était très dur. Je me rappelle très bien sa réponse lorsque je lui ai demandé comment il s'en sortait : "C'est affreux. Dans quelques mois, je vais fermer." Il n'acceptait pas la faillite, voulait liquider son affaire, payer ses dettes et partir. Puis il me dit : "Je me rappelle quand c'est arrivé à papa. Je tiendrai le coup. Je m'en sorti-rai. Je sais que je peux y arriver parce que j'ai vu et je me souviens." »

Comment développer cette attitude mentale ? Comment réagir positivement face aux pressions extérieures ? Faites-en une priorité consciente. Pen-sez-y chaque jour. « Quand nous nous levons le matin, explique Stanley Welty, président de la Woos-ter Brush Company, nous préparons une journée bonne ou mauvaise selon le flux de nos pensées. Ce jour-là, nous profiterons ou non de la vie.

« Sans négliger les pressions extérieures qui nous agressent chaque jour, dans la vie et les affaires, c'est à nous de décider quel genre de journée nous aurons, même dans les situations difficiles. Et, s'il faut aban-donner la partie, rions-en ! » L'humour est d'une aide précieuse. Welty conseille : « Relativisons les choses. Quand elles ne marchent pas bien, détendons-nous, prenons notre temps. Réfléchissons à ce qui se passe et à notre réaction. Prenons un peu de recul avant d'agir. »

Des centaines d'incidents peuvent nous irriter, nous tracasser ou nous ennuyer. Ne leur donnons pas prise. Ne laissons pas les petites choses nous affecter. « Quand on vous fait une queue de poisson sur la route, deux solutions possibles, dit Ted Owen, propriétaire du *San Diego Business Journal*, qui, comme la plupart des Californiens, passe énormé-ment de temps au volant. Vous pouvez injurier le chauffard, faire un geste vengeur, ou bien hausser les épaules et vous dire : "Combien de temps tiendra-t-il avant de démolir sa voiture ?" Votre réaction n'aura aucun effet sur votre temps de trajet, mais oublier cette irritation vous mettra dans une tournure d'esprit plus heureuse et plus productive. Cela peut même ajouter quelques années à votre vie. » Owen n'était pas venu au monde avec cette attitude indulgente. Il avait une personnalité particulièrement tendue et, les années passant, il constata à quel point c'était destructeur. Quand on lui demanda de diriger le *Business Journal*, où il aurait à analyser fréquemment la performance d'autres dirigeants, il décida qu'il aurait intérêt à changer d'attitude. « La plupart d'entre nous avons tendance à être réactifs et même surréactifs. Depuis que j'ai pris ce poste, je ne me suis jamais fâché au travail. Cela m'est arrivé ailleurs, mais jamais ici. Mon entourage réagit bien mieux qu'il ne le faisait auparavant. »

Après des années de lutte, l'avenir souriait enfin à Mary Kay Ash. Elle s'était remariée. Les enfants avaient grandi. Son nouveau mari et elle avaient économisé assez pour monter une petite société, comme elle en rêvait depuis des années. Puis ce rêve fut presque anéanti. « La veille de l'ouverture, raconte Mary Kay, mon mari mourut d'une crise cardiaque devant moi, au petit déjeuner. Il devait s'occuper de gérer la société. Je ne connaissais rien à la gestion, et c'est encore vrai. Tout notre argent était engagé. Nous n'avions que cinq mille dollars. Cela équivaudrait probablement à cinquante mille dollars aujourd'hui. Au moment des funérailles, mes deux fils et ma fille étudièrent avec moi ce qu'il fallait faire. Arrêter ou continuer ? Tous mes rêves s'envolaient. » Mais elle croyait trop en elle pour abandonner. Son fils Richard, qui n'avait que vingt ans, proposa son aide : « Maman, je vais venir à Dallas pour t'aider. » Elle avait quelque appréhension et pensait : « La belle affaire. Accepteriez-vous de confier toutes vos économies à un jeune homme de vingt ans ? J'estimais qu'il pourrait s'occuper de la manutention, ce que je ne pouvais pas faire, et je ne savais même pas s'il était capable de rédiger une commande. »

Mary Kay n'était pas du genre à se laisser abattre par le doute. Elle n'acceptait pas facilement la défaite. Allant de l'avant, elle lança sa société. Tenant parole, Richard arriva à Dallas le lendemain avec sa femme. Les avocats disaient : « Vous n'y arriverez jamais, autant jeter votre argent par les fenêtres ! » Des rapports de Washington mentionnaient le nombre de sociétés de cosmétiques qui fermaient chaque jour. Son attitude positive lui permit de passer au travers. Elle se redisait : « Je pense trouver une clientèle qui soutiendra mon projet. Je suis sûre de réussir et je vais essayer. » Avec cette attitude, il n'est pas étonnant qu'elle y soit arrivée.

Ce sentiment de confiance en soi aide non seulement à accomplir davantage, mais il donne aussi aux autres l'envie de travailler avec nous. Nous réagissons tous à l'attitude de notre entourage. C'est pourquoi nous sommes attirés par ceux qui se montrent optimistes. Nous voulons nous entourer d'amis ou de collègues heureux et productifs, à l'attitude positive. De façon tout aussi prévisible, celui qui se plaint constamment n'attire pas grand monde. Pourquoi cela ? Notre attitude influence les autres, en bien ou en mal. C'est un concept essentiel à retenir pour qui veut être aujourd'hui un bon leader. Rien n'est plus motivant qu'une attitude positive. Nous connaissons tous des entreprises dans lesquelles beaucoup de salariés ne sont pas heureux. Comment cela arrive-t-il ? Lentement, petit à petit. Un leader doit lutter contre cette contagion en remplaçant constamment le négatif par des attitudes et des sentiments positifs.

David Luther, directeur qualité chez Corning, apprit l'importance de se concentrer sur le positif et d'ignorer le négatif, grâce à un leader syndical de Detroit, représentant les ouvriers d'une usine fabriquant des Lincoln et des Thunderbird. « Cette énorme usine avait très bien réussi sur le plan qualité, raconte Luther. Cet homme m'a dit : "J'ai changé quand j'ai commencé à me préoccuper des 90 % qui disent oui au lieu des 10 % qui disent non." C'est perspicace, car dans les négociations sociales, on est généralement obnubilé par les 10 % qui résistent toujours. On dit le plus souvent : "Il faut les convaincre." Cet homme était plus astucieux : "Concentrons-nous sur les 90 % qui veulent progresser." Et c'est ce qu'il fit avec succès, par une approche intuitive. »

Luther a appliqué cette philosophie chez Corning : « Je finirai peut-être par convaincre les récalcitrants. Mais 90 % sont déjà prêts à marcher, ils attendent et sont ouverts. Il n'y pas de raison de rester coincé à tenter de convaincre les derniers, alors que la plupart se montrent prêts à coopérer. » Une des grandes responsabilités du leader est d'établir un ton confiant et positif, qui montre que l'échec n'est même pas envisagé.

Quand Jules César traversa la Manche depuis la Gaule et débarqua avec ses légions sur l'île qui est maintenant l'Angleterre, que fit-il pour assurer son triomphe ? Ingénieusement, il rassembla ses soldats sur les falaises de Douvres où, soixante mètres plus bas, il faisait brûler tous leurs bateaux. Les voilà donc en pays ennemi, tout lien coupé avec le continent, tout moyen de retraite parti en fumée. Que pouvaient-ils faire d'autre que d'avancer ? Que pouvaient-ils faire d'autre que de conquérir ? Que pouvaient-ils faire d'autre que de lutter avec toute leur force ? C'est ce qu'ils firent.

Une attitude positive n'est pas seulement vitale dans un tel cas. C'est aussi le secret pour bâtir une vie heureuse et une carrière réussie. C'est la pierre d'angle du leadership.

C'est du moins ce que croit Hugh Downs, vétéran des présentateurs du journal télévisé de la chaîne ABC : « Il n'est vraiment pas nécessaire d'être dur. Je me rappelle un collègue, agressif et très ambitieux. C'était chez lui presque pathologique. Il cherchait à

grimper en profitant des autres. Il progressa en début
de carrière, mais tous ceux qu'il s'était mis à dos, qu'il
avait utilisés, à qui il avait manqué de respect en vou-
lant grimper seul, n'avaient pas oublié. Il était mal vu
de tous. Quand il trébucha, comme cela nous arrive à
tous de temps en temps, on le laissa simplement tomber. Jamais je n'ai essayé de profiter d'une situation »,
déclare Downs. Alors, comment est-il arrivé si loin ?
Au lieu de faire preuve d'ambition, il se montra patient
et très attentif. « Il faut avoir l'esprit en éveil, observe-
t-il, et pouvoir entrer rapidement quand une porte
s'ouvre. Forcer les portes se retourne souvent contre
nous. C'est arrivé deux ou trois fois à l'homme dont
j'ai parlé. J'ai toujours pensé qu'il ne fallait pas agir
ainsi, mais garder l'esprit ouvert pour saisir les occasions qui se présentent. »

Au fil des années, cette attitude a été payante pour
Downs et, grâce à elle, ses collaborateurs l'ont souvent aidé à réussir. Il raconte : « Un des objets que
je chéris le plus m'a été donné par Tom Murphy, président de la chaîne ABC. Je ne me souviens plus à
quelle occasion. Cela devait être mon cinquantième
anniversaire dans les médias. Il m'offrit une horloge
portant cette inscription : "Les types sympas ne
finissent pas derniers." J'ai trouvé cela très flatteur.
L'idée est vraie et je suis triste pour ceux qui pensent
devoir abandonner une attitude altruiste pour réussir. Le plus souvent, la réussite des requins est tem-
poraire. A la longue, elle les démoralise. Ils se font
quantité d'ennemis en chemin. Leur ascension est
douloureuse. »

► 14 ◄

**Prenez des forces avec des pensées positives
et ne vous laissez pas affaiblir par le négatif.**

CHAPITRE 15

APPRENEZ À DOMINER LE STRESS

*Il y a de cela des années, un voisin frappa à ma porte,
à l'heure du dîner, et m'engagea vivement à me faire
vacciner, ainsi que ma famille, contre la variole.
Il faisait partie d'une armée de volontaires qui frappaient à
toutes les portes de New York. Des milliers de gens affolés
firent alors la queue pendant des heures pour se faire
vacciner. Des dispensaires furent installés d'urgence dans
les casernes de pompiers, les commissariats de police et
jusque dans certains établissements industriels. Plus de deux
mille médecins et infirmières travaillèrent fiévreusement
jour et nuit pour vacciner les foules. Pourquoi toute cette
agitation ? On avait enregistré huit cas de variole dans New
York, dont deux avaient eu une issue fatale. Deux décès, sur
une population de presque huit millions. Eh bien, j'ai vécu
de nombreuses années à New York, sans que personne ne se
soit dérangé pour venir me mettre en garde contre les
séquelles des maladies liées au stress et aux soucis, ces
troubles « émotionnels » qui font dix mille fois plus de
ravages que la variole. Aucun volontaire ne s'est encore
présenté chez moi pour me prévenir de ce danger, pour me
dire qu'un Américain sur dix prend le chemin de la
dépression nerveuse, à cause du stress continuel et des
conflits émotionnels. J'ai écrit ce chapitre pour sonner a
votre porte et vous avertir de cette menace.
Prenez au sérieux les mots du Dr Alexis Carrel : « Ceux qui
ne savent pas combattre les soucis meurent jeunes. »*

DALE CARNEGIE

Voilà des années que Dale Carnegie a écrit cela et nous avons appris à traiter et à prévenir beaucoup des maladies les plus inquiétantes. Il est certain que, dans les années à venir, nous guérirons nombre de maux qui nous préoccupent aujourd'hui. Mais, en ce qui concerne la maladie paralysante du stress et des soucis, il semble que nous n'ayons guère fait de progrès : ses ravages ne font qu'empirer.

C'est surtout vrai dans le monde si mouvant des affaires : faillites, rachats, restructurations, réductions d'effectifs, mises à pied et invitations brutales à libérer votre bureau, dégraissages et autres termes formant tout un glossaire. Et si cela ne suffit pas pour causer des ulcères d'estomac, qu'en est-il des O.P.A. hostiles ou des réductions de coûts ?

Des compagnies réputées solides comme des chênes sont maintenant secouées jusqu'aux racines. Quantité d'autres, dont certains grands noms de l'histoire économique, ont été démantelées. Des couches complètes de cadres ont disparu. Ceux qui restent ont de quoi se tracasser. Des sociétés lâchent des secteurs comme les serpents se débarrassent de leur peau : quel chef d'établissement ne se sentirait pas concerné ? Une nouvelle race de détrousseurs d'entreprises cherche avidement à reprendre des sociétés bénéficiaires : quel dirigeant bien installé n'aurait-il pas un peu d'angoisse ?

Oui, les changements sont nécessaires. Certains auraient dû être effectués il y a longtemps. A l'évidence, les sociétés qui ne restent pas légères et compétitives, qui ne sont pas souples et créatives, qui ne bougent pas plus vite que leurs concurrents, sont les dinosaures d'aujourd'hui, qui n'ont pas plus d'avenir que ceux d'hier.

Mais le changement produit de l'anxiété. Il provoque du stress, rend les gens nerveux, les préoccupe, c'est évident. Des théories prétendument inébranlables, sur lesquelles se bâtissait une carrière, ont perdu leur solidité. Il est donc naturel de ressentir l'insécurité.

Il fut un temps où la plupart des patients qui entraient chez le psychiatre Marvin Frogel venaient parler de problèmes familiaux : conflits, frustrations et ressentiments envers le conjoint, les enfants et leur éducation. Ce sont toujours des sujets d'inquiétude, mais la majorité des patients actuels sont stressés par ce qui se passe dans l'entreprise. « Certaines personnes sont terrifiées à la perspective de perdre leur emploi, dit le Dr Frogel, qui exerce à Great Neck, dans l'Etat de New York. Je n'avais jamais vu cela dans mes consultations : tant de gens stressés par ce qui leur arrive au travail. Un, puis deux, puis vingt licenciements. Des salariés sont renvoyés, puis viennent les plans de retraites anticipées et les réductions d'effectifs. Beaucoup se demandent s'ils auront encore un emploi demain. »

« Voyez IBM, dit Earl Graves, éditeur de la revue *Black Enterprise*. Ces dernières années, le géant informatique a dû réduire plusieurs fois ses effectifs de façon drastique, à cause de la concurrence américaine et internationale. Des temps meilleurs reviendront peut-être, mais, avec de telles charrettes à la maison mère, IBM ne sera plus jamais la même. Cela perturbe, et c'est le moment de se demander quelle solution adopter. Ceux qui quittent IBM se rendent compte que leur vie n'est pas finie. Leurs ailes ont été rognées en quittant le nid, mais ils peuvent encore voler. »

« Pour faire la différence au sein de ma propre organisation, dit Alain Carrée, président de la société d'achats de PSA, qui regroupe Peugeot et Citroën, je ne recherche pas seulement des compétences techniques, un bon sens relationnel et une relation confiante entre mes acheteurs et les fournisseurs. Je crois aussi fermement en une sorte de bien-être mental qui permet à l'acheteur d'être un bon interlocuteur. Ce n'est pas facile. Ceux qui sont trop stressés par les problèmes ne sont pas assez ouverts et communiquent mal. Je n'aimerais pas mener des équipes de directeurs, de managers et d'acheteurs stressés et fermés. La simple observation, en croisant les gens dans les couloirs, est un bon test de ce bien-être : vous pouvez lire dans les yeux de vos collègues. Je crois que la maîtrise du stress et des soucis est une vraie valeur pour l'efficacité professionnelle. »

Quand Dale Carnegie commença à s'intéresser aux soucis, le monde était aux prises avec la grande dépression. Il voyait les rides gravées par l'anxiété sur les visages de ses amis et de ses stagiaires. « Au fil des années, écrit-il, je me suis rendu compte que le stress et les soucis constituaient un des plus graves problèmes de la vie adulte. Les participants à mes entraînements étaient en majorité des cadres et dirigeants, commerciaux, ingénieurs, comptables : un panorama de tous secteurs et professions qui ressentaient les difficultés. Parmi les femmes qui participaient à mes stages, certaines avaient une activité professionnelle, d'autres étaient maîtresses de maison. Elles connaissaient des problèmes similaires. Il était clair que j'avais besoin d'un livre sur la façon de dominer le stress et les soucis. J'essayai donc d'en trouver un. Je suis allé à la grande bibliothèque de New York, au coin de la 5ᵉ Avenue et de la 42ᵉ Rue. A ma surprise, je ne pus trouver sur « stress », « soucis » et « tracas » que vingt-cinq livres, alors que sous le seul titre « tortue » en figuraient cent quatre-vingt-dix ! Etonnant, n'est-ce pas ? Puisque le stress et les soucis sont cause de grands problèmes de l'humanité, vous pourriez, n'est-ce pas, penser que, dans chaque école et collège du pays, on donnerait des cours sur la façon de les dominer. S'il en existe un seul dans ce pays, je n'en ai jamais entendu parler. »

Carnegie passa sept ans à lire et à étudier sur ce sujet. Il interrogea tous les experts de son temps. Il lut tous les livres qu'il put se procurer, le plus souvent des traités de psychiatrie inadaptés comme guides pratiques. Carnegie fit plus que lire et étudier. Pour surmonter les soucis, il utilisa ce qu'il appela son « laboratoire », les groupes qu'il entraînait, presque chaque soir, en formation professionnelle continue. De toutes ces recherches sortit un livre, initialement publié en 1944. Pour la première fois, des techniques essentielles étaient énoncées de façon simple et directe. Ces techniques ont été maintes fois mises à jour, aujourd'hui sous le titre *Comment dominer le stress et les soucis*, au fur et à mesure qu'apparaissaient de nouveaux facteurs de stress et de préocupation.

Apprenez ces techniques. Appliquez-les tous les jours. Presque certainement, vous contrôlerez bien mieux votre vie. Vous ressentirez beaucoup moins le stress et les soucis. Vous serez également en meilleure santé mentale et physique.

Vivez un jour à la fois. Les affaires étaient mauvaises au service financier de la Chase Manhattan Bank de San Diego, en Californie. Les prêts accordés accusaient un retard de neuf millions de dollars sur l'année. Ceux qui travaillaient dans ce service ressentaient une tension grandissante les uns vis-à-vis des autres. Becky Connolly, responsable des prêts, était si inquiète qu'elle en dormait à peine la nuit. Elle décida alors d'essayer de vivre un jour à la fois. Elle dit à son équipe : « Ecoutez-moi. Notre travail a toujours été cyclique, les prêts sont toujours arrivés par vagues. Concentrez-vous simplement sur vos activités de chaque jour, les appels de vos clients, la suite à donner aux annonces publicitaires. Nous sortirons du marasme. » Résultat ? Une équipe plus détendue, plus productive, et bientôt l'activité remonta.

Il est effarant de penser à toute l'énergie gaspillée au sujet de l'avenir et du passé. Le passé est fini et le futur n'est pas encore là. Quoi que nous fassions, nous sommes incapables d'en modifier le cours. Nous ne pouvons vivre qu'un seul temps, le temps présent. Ce temps, c'est aujourd'hui. « Vous et moi, écrit Dale Carnegie, nous nous trouvons, en ce moment même, au point de rencontre de deux éternités : l'immense passé qui dure depuis la nuit des temps et l'avenir qui commence à la dernière syllabe que nous prononçons. Il nous est impossible de vivre dans l'une ou l'autre de ces éternités, ne serait-ce qu'une fraction de seconde. Contentons-nous donc du laps de temps qui nous est accordé du lever au coucher. »

Rappelez-vous cela et ne vous tracassez pas à propos de ce qui aurait pu être. Ne vous rendez pas malade pour ce qui peut arriver ou non dans quelque temps. Concentrez plutôt votre attention sur le seul point utile pour vous, la réalité de la vie aujourd'hui. Laissez de côté lamentations et crampes d'estomac. Bien sûr, il est nécessaire de penser à demain et d'apprendre les leçons d'hier : planifier et tirer parti des expériences passées. Mais ce faisant, rappelez-vous que l'avenir et le passé sont des éléments qu'on peut difficilement changer.

La chanteur Neil Sedaka apprit cette vérité de sa mère : « Elle disait toujours : "Accepte chaque jour comme un cadeau. Essaie de vivre avec ce qui est bon et ce qui est mauvais, en voyant surtout ce qui est bon." Est-ce facile ? C'est une lutte constante, considère Sedaka, mais je pense que cela peut se faire. Nous avons tous des problèmes qui nous assaillent au cours de la journée. A nous de les écarter. »

Travaillez dans la réalité du présent. Mettez votre énergie, votre attention, votre vigueur où cela peut compter : aujourd'hui. Et mettez-vous à l'œuvre. Vous serez peut-être surpris de tout ce que vous pouvez accomplir en une journée bien compartimentée. Comme le dit l'écrivain écossais Robert Louis Stevenson : « N'importe qui peut porter son fardeau, si lourd soit-il, jusqu'à la nuit. N'importe qui peut faire son travail, si dur soit-il, toute une journée. N'importe qui peut vivre agréablement, patiemment, aimablement, totalement, jusqu'au coucher du soleil. Et c'est tout ce que la vie signifie réellement. »

Appuyez-vous sur le calcul des probabilités. Theo Bergauer, directeur général de Karl Bergauer GmbH, la plus grande entreprise immobilière du nord de la Bavière, voyait bien que quelque chose n'allait pas. Sa secrétaire semblait prête à pleurer. « Que se passe-t-il ? demanda-t-il. — Mon fils vient de rejoindre l'armée allemande, répondit-elle, et, dans son régiment, ils sont les premiers désignés pour aller aider un pays étranger. » C'était le début des difficultés en Yougoslavie et elle était malade de peur à la pensée que son fils pouvait être envoyé à la mort. Bergauer ne savait trop que dire et pensa un instant aux probabilités : « Quel risque y a-t-il que son contingent soit appelé en Yougoslavie ? » Ils l'estimèrent à 1 %. Ils passèrent alors un accord, explique Bergauer : « Si ce 1 % devenait réalité, alors elle pourrait se tracasser. Mais jusque-là, il n'y avait vraiment pas de raison de le faire. »

En vous posant une question simple — et en vous imprégnant de la réponse —, vous pouvez éliminer de votre vie un paquet de soucis. La question est la suivante : « Quelle probabilité y a-t-il pour qu'arrive ce que je redoute ? » La plupart des gens passent beaucoup trop de temps à se stresser pour ce qui n'arrive jamais. En fait, la plupart des choses que nous redoutons n'arrivent pas. Cela vaut la peine d'être pris en compte. « Ma vie, écrivait Montaigne, a été pleine de terribles catastrophes, dont la plupart ne sont jamais arrivées. »

Voici un truc pratique : notez des probabilités chiffrées sur ce que vous redoutez le plus. L'auteur Harvey Mackay, spécialiste du monde professionnel, l'a fait presque toute sa vie. « Une fois que vous rassemblez les faits et que vous leur assignez des probabilités, vous pouvez voir la situation dans une perspective correcte. La probabilité que cet avion s'écrase au sol : peut-être une sur cent mille. Que vous perdiez votre situation cette année : peut-être une sur cinq cents. Donc, si quelqu'un ouvre une société concurrente de l'autre côté de la rue, cela paraît alarmant, explique Mackay. Mais cela leur prendra trois bonnes années pour être bien armés. Nous sommes ici depuis trente-deux ans, avec une expérience riche, un savoir-faire et une belle clientèle. Alors, dans quelle mesure cela va-t-il vraiment nous nuire ? Allez-y, calculez les probabilités : pas autant, sans doute, que vous ne le pensiez au début. Vous pouvez faire ce genre de prévisions sur presque tout. Un tel va-t-il fermer boutique ? Que va-t-il se passer ici ? Que va devenir le maire ? Qui va se faire élire ? Qui va-t-il choisir comme adjoint ? Ce sont des paris intéressants qui aident à relativiser. Ils aiguisent l'esprit et peuvent aussi rendre plus humble ! »

Coopérez avec l'inévitable. Pendant six ans, David Rutt avait dirigé une équipe chez Expediters International, société d'import-export de la côte Ouest américaine. Le poste de responsable des importations devint vacant. « Dommage, raconte Rutt, je n'ai pas décroché la promotion. » Ce revers aurait pu le rendre amer. Il aurait pu se désintéresser de son travail, mais non : « Je résolus de ne pas me tracasser au sujet du passé et de transformer ce désavantage en avantage. Je décidai d'aider le nouveau responsable autant que je le pouvais pendant les difficiles premiers mois à son poste. Récompense ? J'ai vite obtenu le poste de responsable adjoint des importations », déclare-t-il. Suivez son conseil, ne gaspillez pas votre temps et votre énergie à vous stresser pour des choses que vous ne pouvez contrôler.

« J'ai eu une pléthore d'occasions d'avoir du stress et des soucis sans trouver de solution, déclare André Navarro, dirigeant d'entreprise au Chili. Que faire quand, adolescent, vous êtes amoureux d'une fille qui ne veut pas de vous ? Il n'y a pas de solution, vous vous sentez triste et rejeté. Mais après quelque temps, le problème disparaît. Vous vous faites une raison. »

Tous les jours, notre vie est parsemée de réalités déplaisantes. Nous avons assez de chance ou d'adresse pour en transformer certaines. D'autres, en revanche, resteront toujours hors d'atteinte. La criminalité, la pauvreté, le nombre d'heures d'une journée, le fait que d'autres aient un pouvoir de décision sur certains pans de notre vie, cela fait partie de données sur lesquelles nous n'avons pas prise. Malgré tous nos efforts, nos idées créatives, l'aide que nous mobilisons, nous ne pouvons tout simplement pas les contrôler. Dommage, n'est-ce pas, que nous ne soyons pas maîtres de l'univers ? Dommage que les autres ne fassent pas toujours ce que nous voudrions. C'est la vie et, plus tôt nous apprenons à l'accepter, plus vite nous récoltons bonheur et succès. Selon le conte de *Ma mère l'Oie* :

> *Pour toute peine d'ici-bas,*
> *Il existe un remède, ou non.*
> *S'il y en a, trouve-le donc !*
> *S'il n'en est pas, ne t'en fais pas !*

L'important est de savoir les différencier. De toute évidence, ce ne sont pas les circonstances qui rendent heureux ou malheureux, c'est notre façon d'y réagir. Mais si nous n'avons vraiment pas le choix, composons avec l'inévitable, plutôt que de nous laisser aller à la déception ou l'amertume. C'est quand nous cessons de lutter contre l'inévitable que nous trouvons le temps, l'énergie et la créativité pour résoudre les problèmes qui dépendent de nous. « Acceptez la réalité, disait Henry James. L'accepter est la première étape pour surmonter les conséquences de toute infortune. »

Evaluez votre niveau maximum d'inquiétude pour une situation. Comme beaucoup, l'hôpital Sharp Cabrillo était passé par des temps difficiles. Une clinicienne spécialisée, Lori England, se trouvait entourée d'une vague de licenciements et pensait bien faire partie de la prochaine. La situation commençait à la déprimer. Mais elle prit une décision : ne plus se soucier des incertitudes et prendre, au contraire, plaisir à travailler. Elle commença à donner quelques cours et injecta une bonne dose d'enthousiasme dans son travail. On remarqua ses efforts, qui contrastaient avec l'attitude désenchantée de tous les autres. Qui, selon vous, risque le plus d'être renvoyé ? Une personne stressée et abattue ou une équipière utile et enthousiaste ?

Posez-vous la question que les investisseurs de Wall Street se posent quand le marché baisse : quel montant de pertes suis-je prêt à accepter sur cette action ? Si le marché dégringole soudain, jusqu'où vais-je accepter la baisse ? A quel niveau vais-je simplement accepter la perte et me dégager ? On appelle cela un ordre limitatif de perte. L'ordre de Bourse signifie : vendez cette action si elle tombe au-dessous de tel prix ; j'endosserai la perte, mais je ne suis pas prêt à dilapider davantage. Vous pouvez adopter le même système pour ce qui vous tracasse. Demandez-vous : quelle dose d'inquiétude ce problème vaut-il ? Une nuit sans sommeil ? Une semaine d'anxiété ? Un ulcère ? Fort peu de problèmes valent cela. Décidez donc d'avance combien de stress vaut tel ou tel problème.

Un travail dans une société mal gérée, un collaborateur qui refuse de coopérer au sein de l'équipe, un fournisseur qui apporte un service décevant, voilà quelques exemples de sujets de préoccupation. Mais à quel niveau ? C'est à vous d'en décider. Le moment peut arriver où vous devrez dire : « Faisons appel à un chasseur de têtes » ou « Donnons-lui un avertissement » ou encore « Passez-moi la liste des fournisseurs ». Aucun problème ne vaut toute l'inquiétude du monde.

Sachez relativiser. Certains détails ne méritent pas la moindre inquiétude. Ils sont simplement négligeables. Le vent abîmera-t-il ma coiffure ? L'herbe du voisin sera-t-elle plus verte que la mienne ? Le patron m'a-t-il souri aujourd'hui ? La plupart du temps, cela n'a aucune importance. Pourtant, nous connaissons tous des personnes qui se font un sang d'encre pour de telles bagatelles. Quel gâchis ! Certaines choses dans la vie comptent vraiment, d'autres non. Vous pouvez diviser vos soucis par deux en apprenant à les différencier.

Le joueur de golf Chi Chi Rodriguez fait ainsi la différence. Deux cent cinquante spectateurs assistaient à une compétition importante pour voir Rodriguez, connu pour son style spectaculaire. Juste derrière lui, un petit garçon était assis dans une chaise roulante. On ne lui prêtait guère attention. Et les joueurs professionnels pensaient plus probablement aux quatre cent cinquante mille dollars du tournoi. Avant de frapper sa balle, Rodriguez remarqua le garçon et alla lui serrer la main. Puis il sortit de sa poche un gant de golf et le lui mit, avec beaucoup de soin, car sa main était gravement déformée. Ensuite, il signa sur le gant et lui donna une balle.

Le petit était tout excité et joyeux de cette faveur reçue du champion. La foule applaudit vigoureusement ce beau geste. Entendant ces applaudissements, Rodriguez parut embarrassé. Il leva les mains et regarda au ciel comme pour dire : « Je ne mérite pas ces applaudissements. Celui qui souffre et sa famille sont ici les vrais héros. » Bien que concentré sur son tournoi, il manifestait qu'il y a des choses plus importantes dans la vie. Agir pour aider, c'est aussi une façon étonnante de lutter contre le stress.

Occupez-vous constamment. Rien ne chasse mieux l'inquiétude que de vous occuper l'esprit avec autre chose. C'est une technique que les acteurs professionnels apprennent rapidement. « Quand vous êtes pressenti pour un grand film, déclare Annette Bening, qui a joué des rôles principaux dans plusieurs grands films, la période d'attente peut durer des mois. Les responsables du casting viennent vous voir puis s'en vont. Ils rencontrent d'autres personnes. Puis ils reviennent, vous rencontrent à nouveau... Voici un moyen que j'ai trouvé utile : commencer à travailler le rôle. Je me mets vraiment au travail. Pour un de ces rôles en particulier, cela impliquait beaucoup de lectures, que j'ai faites. C'était un moyen de contrer le stress dans l'attente du résultat. Dans ce cas particulier, je n'ai pas obtenu le rôle. » Mais elle en a obtenu bien d'autres et cela avec nettement moins de stress que beaucoup d'acteurs. « Quand je n'obtiens pas un rôle, je m'efforce de vite tourner la page dans ma tête, de ne plus y penser, de passer à autre chose. »

Quand vous commencez à vous sentir tracassé, attaquez un nouveau projet. Apprenez dans un nouveau domaine. Faites quelque chose en quoi vous croyez. Vous occuper évite de vous préoccuper. Pensez aux autres. Vous leur rendrez aussi service, d'où un brin de satisfaction supplémentaire.

Et s'il y a une bonne raison de se tracasser ? Malgré toutes ces techniques anti-stress, vous rencontrerez quand même des problèmes dans votre vie. Nous en avons tous. Vous pouvez accepter l'inévitable, vous donner un ordre limitatif de perte, vous rappeler les dégâts de santé que causent le stress et les soucis. Mais des problèmes se présenteront quand même et il vous faudra les traiter de façon intelligente. Voici une méthode utile en trois étapes. Si vous voulez bien les suivre, vous verrez de façon étonnamment claire de quoi il s'agit.

1. *Demandez-vous : quel est le pire qui puisse arriver ?* Heureusement, la plupart de nos problèmes ne sont pas des questions de vie ou de mort. Le pire qui puisse arriver, dans une situation professionnelle par exemple, c'est que vous perdiez un client important, que vous soyez en retard à une réunion, que votre patron vous fasse une remontrance ou que vous ratiez une promotion... Désagréable ? Certes. C'est la cause de tonnes de soucis pour des millions de personnes. Fatal ? Probablement pas.

2. *Préparez-vous mentalement à accepter le pire, si nécessaire.* Cela ne veut pas dire croiser les bras et souhaiter l'échec. Cela consiste à vous dire : je pourrais supporter cela s'il le fallait absolument. Et en réalité, nous pouvons presque toujours réchapper même de ce qui paraît être le pire. Ce ne sera pas drôle, à quoi bon le nier. Mais quoi, manquer une promotion ou être réprimandé, ce n'est pas la fin du monde ! Quand nous nous interrogeons ainsi — *quel est le pire qui puisse arriver ?* —, nous faisons face aux conséquences avec un esprit beaucoup plus calme.

3. *Ensuite, travaillez calmement et méthodiquement à tirer parti du pire.* Demandez-vous : que puis-je faire pour améliorer cette situation ? Avec quelle rapidité dois-je agir ? Qui pourrait m'aider ? Après la

première démarche, quelles sont les deuxième, troisième, quatrième et cinquième que je devrais entreprendre ? Comment puis-je mesurer la réussite de ces différentes étapes ?

Patty Adams, responsable marketing pour TRW Redi Property Data, utilisa cette approche en trois étapes pour contrer la peur de sa vie : « Un jour, le téléphone sonna et ce fut le début de mon pire cauchemar. Mon médecin voulait me revoir dès que possible pour vérifier et confirmer le test. Cancer de l'utérus. J'étais anéantie. Allais-je perdre ma féminité, ou, pis encore, ma vie ? Mille hypothèses se bousculaient dans ma tête. Je reçus confirmation de l'affreux verdict et m'effondrai intérieurement. Rassemblant mes énergies, je fis face à mes craintes et demandai au médecin : "Quelle est la pire hypothèse ?" C'était une opération qui m'empêcherait d'avoir des enfants. Mon cœur s'arrêta. A vingt-cinq ans, j'étais trop jeune et trop énergique pour accepter cette éventualité. Mais si je n'acceptais pas le traitement, j'allais à la mort. Plutôt que de devenir hystérique, j'ai rassemblé les faits : le traitement marchait dans 95 % des cas. Alors, je pris conscience que même si je subissais l'opération, je resterais en vie. » Pendant dix-huit mois, elle prit des médicaments, mais sans succès. « Quand l'opération fut décidée, je me suis forcée à garder confiance et à ne pas laisser la peur me détruire, dit-elle. Je me suis mis en tête que je pourrai faire face à tout. » Elle fut opérée. Heureusement, une légère ablation suffit et elle guérit. « Quatre ans plus tard, je n'ai aucun signe de cellules malignes, dit-elle. Chaque jour, je fais à nouveau face à la vie. »

▶ 15 ◀

Dominez vos craintes et dynamisez votre vie.

CHAPITRE 16

MANIFESTEZ VOTRE ENTHOUSIASME

*Le premier stage que j'ai animé eut lieu au YMCA de la
125ᵉ Rue à New York pour un petit groupe de dix hommes.
L'un d'eux, vendeur de la National Cash Register Company,
fit une intervention étonnante. Il était né et avait été élevé
dans cette ville. A l'automne précédent, il avait acheté une
résidence à la campagne. La maison était neuve et il n'y
avait pas d'herbe dans le jardin. Au cours de l'hiver, il avait
brûlé des branches de noyer dans la cheminée et dispersé les
cendres là où il voulait voir pousser sa pelouse. Il déclara :
« Je pensais qu'il fallait semer des graines pour obtenir de
l'herbe, mais pas du tout. Tout ce que vous avez à faire, c'est
de répartir des cendres de noyer sur le sol en automne et, au
printemps, il en sortira une pelouse de pâturin des prés ! »
Très étonné, je lui dis : « Si cela est vrai, vous avez découvert
ce que les savants ont recherché en vain pendant des
siècles : transformer une matière inerte en matière vivante.
Cela ne se peut pas. Des graines ont dû être apportées par le
vent, sans que vous vous en rendiez compte. Ou peut-être
poussait-il de l'herbe à cet endroit auparavant. Mais une
chose est certaine : aucune herbe ne peut pousser
uniquement à partir de cendres de noyer. » J'étais tellement
sûr de moi que j'expliquais cela de façon calme et
décontractée. Mais notre homme était passionné. Il se leva
d'un bond pour dire avec force : « Enfin, je sais ce dont je
parle, M. Carnegie, parce que je l'ai fait ! » Et il continua à
parler avec enthousiasme, animation et conviction. Quand il
eut terminé, je demandai au groupe : « Combien parmi vous
croient que l'on peut faire ce qu'il prétend ? » A ma*

stupéfaction, tous levèrent la main. Quand je leur demandai pourquoi ils l'avaient cru, la réponse fut presque unanime : « Parce qu'il est si positif. Il dégage un tel enthousiasme... »

DALE CARNEGIE

Si l'enthousiasme peut faire oublier les bases élémentaires de la science à un groupe d'hommes intelligents, imaginez ce qu'il peut produire lorsque quelqu'un parle non pas de génération spontanée mais de bon sens. C'est là le résultat de l'enthousiasme : il est contagieux et fait réagir. C'est vrai dans une salle d'étude, au conseil d'administration, dans une campagne politique, sur une patinoire... Si vous n'êtes pas enthousiaste à propos de votre idée ou projet, personne d'autre ne le sera. Si les leaders ne croient pas avec enthousiasme aux objectifs de l'entreprise, ne vous attendez pas à ce que les salariés, les clients ou la Bourse y croient. Le meilleur moyen de passionner par une idée, un projet ou une campagne, c'est d'être vous-même passionné. Et de le montrer.

Tommy Draffen venait de prendre un nouvel emploi de vendeur pour Culver Electronics Sales, importateur californien d'interphones. Selon une tradition de la société, il devait commencer par une série de prospects particulièrement coriaces. Parmi eux, un gros client avait cessé d'acheter depuis des années. « Je me suis lancé le défi de renouer avec ce client, déclare Draffen. Pour cela, il me fallait convaincre le président de ma société que nous pouvions y arriver. Il en était moins persuadé que moi, mais il ne voulut pas refroidir mon enthousiasme. »

Draffen considéra cette affaire comme une mission personnelle. Il offrit une garantie de prix, des délais raccourcis et un meilleur service. Il affirma au directeur des achats que Culver ferait « tout ce qu'il faut pour satisfaire ses désirs ». L'influence de son enthousiasme se fit sentir dès sa première rencontre avec ce directeur des achats. Il entra en souriant et lui dit : « Content d'être de retour ! Ensemble, nous allons faire du bon boulot. » Jamais il ne pensa qu'il pourrait échouer. Il fit abstraction du fait que son entreprise avait précédemment perdu ce client. Par son attitude dynamique, enthousiaste, il put le convaincre que Culver était prêt, à nouveau, à bien le servir. « Le directeur des achats avoua à notre président que la seule raison pour laquelle il avait retenu nos offres, c'était mon enthousiasme. Depuis, leurs commandes se sont montées à un demi-million de dollars par an. »

Avant d'approfondir ce sujet, écartons, une fois pour toutes, une méprise fréquente. Faire du tapage n'est pas synonyme d'enthousiasme, pas plus que frapper sur la table, sauter en l'air ou faire le pitre. C'est alors de la comédie, qui ne trompe personne et se retourne souvent contre vous. L'enthousiasme est un sentiment qui doit venir de l'intérieur. Ce concept est si important que cela vaut la peine de le répéter : *l'enthousiasme est un sentiment qui doit venir de l'intérieur !* Il est vrai que des mouvements physiques amplifiés et une voix plus vibrante accompagnent souvent un sentiment d'enthousiasme. Mais ceux qui exagèrent en utilisant des formules du genre : « Je suis épatant, vous êtes toujours extraordinaire, nous sommes tous géniaux ! » passent forcément pour des hâbleurs.

« Le leadership requiert, au départ, intégrité et crédibilité, déclare Ray Stata, président d'Analog Devices. Vous devez donc être crédible, faire honneur à votre parole, être digne de confiance. C'est un préalable au dialogue ouvert, loin de toute attitude de manipulation, de jovialité forcée ou d'insensibilité »

Les véritables enthousiastes de l'Histoire ont compris cela de façon intuitive. Dans les années 1950, Jonas Salk était-il enthousiaste à l'idée d'un vaccin contre la polio ? Evidemment, il l'était. Il avait passé des années de sa vie à le chercher. Tous ceux qui le rencontraient constataient son enthousiasme, à la façon dont ses yeux se mettaient à briller dès qu'il parlait de ses recherches, dans les réunions qu'il animait constamment dans son laboratoire. Salk devint une source d'inspiration pour deux générations de savants. Il rayonnait d'enthousiasme, sans forfanterie ni extravagance. Il consacre maintenant le même enthousiasme à la recherche d'un vaccin contre le virus du sida.

En 1969, Neil Armstrong était tout aussi enthousiaste à l'idée de marcher sur la Lune. Son enthousiasme se décelait même dans sa voix calme de natif de l'Ohio quand il déclara : « C'est un petit pas pour l'homme, et un pas de géant pour l'humanité. » Armstrong n'eut pas besoin de clamer cette phrase, ni de sauter de joie avant de remonter dans la cabine Apollo. Mais l'enthousiasme était de toute évidence concentré dans ces mots mûrement réfléchis.

En 1991, lorsque le général Norman Schwarzkopf conduisit les troupes américaines dans la guerre du Golfe, paraissait-il indifférent ? Certainement pas, mais il n'avait pas besoin de haranguer ses troupes pour leur montrer qu'il croyait en leur mission. Cela pouvait se comprendre en cinq secondes dans les nouvelles transmises à la télévision.

Aucun de ces grands enthousiastes n'était particulièrement exubérant. Mais personne ne pouvait avoir le moindre doute sur leur attitude envers leur mission.

Le véritable enthousiasme se compose de deux éléments : *passion* et *confiance*. Soyez passionné par une action et exprimez votre confiance dans votre capacité de la mener à bien. L'enthousiasme n'est rien de plus. Utilisez ces deux sentiments pour une entreprise, un projet ou une idée et votre enthousiasme sera dangereusement contagieux. Vous serez enthousiaste. D'autres sauront que vous l'êtes. Bientôt ils le seront également. C'est garanti.

« L'enthousiasme m'est toujours venu naturellement, déclare la gymnaste olympique Mary Lou Retton. Je suis simplement très positive et je me suis toujours entourée de personnes positives. C'est important pour moi. » Cette attitude positive faisait partie de son secret pour résister aux séances épuisantes qu'elle endura pendant son entraînement de gymnaste de haut niveau. « Certaines fois, quand mon entraîneur Bela Karolyi était de mauvaise humeur et particulièrement exigeant, j'essayais de garder une ambiance positive dans notre groupe de quatre ou cinq filles. Mais si l'une ou l'autre en avait marre et refusait de coopérer, toutes avaient le moral sapé. J'avais horreur de cela. Dans un groupe de dix personnes ayant bon esprit, si l'une devient négative, elle entraîne tout le monde. J'essayais donc de me tenir à l'écart des personnes négatives. »

« Entourez-vous toujours de personnes heureuses et qui vont de l'avant, recommande Harvey Mackay, dans un de ses livres sur la vie professionnelle. Je ne fraie pas avec des gens négatifs. Si vos amis, vos collègues, les personnes que vous respectez et celles dont on parle dans vos lectures sont dynamiques, enthousiastes, confiantes, si elles ont une bonne estime de soi, ces qualités deviendront partie intégrante de vous-même. »

On ne saurait sous-évaluer le pouvoir de l'enthousiasme. « Toute action importante et décisive manifeste le triomphe de l'enthousiasme, déclarait un jour Ralph Waldo Emerson. Rien de grand n'a jamais été accompli sans enthousiasme. » C'était le cas lors de l'insurrection pour les droits civils et lors de la fondation des Etats-Unis. C'est aussi vrai de toutes les grandes entreprises de notre temps.

L'enthousiasme est aussi important que des compétences certaines ou que le travail acharné. Nous connaissons tous des personnes brillantes qui n'accomplissent rien. Nous connaissons tous des personnes qui travaillent dur et n'aboutissent pas. Mais celles qui travaillent dur, aiment leur activité et transmettent de l'enthousiasme sont celles qui progressent.

Dale Carnegie demanda un jour à un ami comment il choisissait ses principaux collaborateurs, les personnes dont les compétences assureraient le succès de ses affaires. Cet ami, Frederick Williamson, président de la Compagnie des chemins de fer de New York, répondit d'une façon qui peut surprendre : « La différence d'aptitude, d'habileté et d'intelligence entre ceux qui réussissent et ceux qui échouent n'est généralement ni grande, ni frappante. Mais, si deux hommes sont presque à égalité, celui qui est enthousiaste verra la balance pencher en sa faveur. Une personne peu douée mais enthousiaste surpassera souvent une personne douée mais peu enthousiaste. »

La principale lacune des tests d'intelligence, c'est qu'ils ne mesurent pas l'enthousiasme ni la force émotionnelle. Quand ces tests furent proposés, il y a de cela deux générations, ils étaient considérés comme des outils étonnamment prometteurs. En mesurant son quotient intellectuel, vous pouviez prédire avec précision ce qu'une personne serait capable d'accomplir dans sa vie. C'était du moins ce que prétendaient ceux qui organisaient ces tests de Q.I.

Si seulement la vie était aussi simple que cela ! L'idée séduisait particulièrement à un moment où le monde accordait grand crédit à la science. Les organismes de tests prospérèrent. Les tests furent employés servilement pour admettre des élèves au collège. Des conseillers en éducation les utilisaient pour guider les jeunes vers des études poussées ou limitées. L'armée les exploitait pour décider qui pourrait devenir officier et qui ferait les corvées.

Evidemment, l'intelligence compte. Certaines personnes en font preuve plus que d'autres, ce qui facilite les choses. Il en est de même pour un talent créatif, une carrure d'athlète, une voix d'or ou n'importe quel autre don de la nature. Mais ces atouts de départ ne brossent que la moitié du tableau. Nous devons peindre nous-même l'autre moitié.

Même à l'Educational Testing Service qui, depuis le New Jersey, administre des kyrielles de batteries de tests, on prend la peine d'expliquer longuement à quel point les résultats sont incomplets. Les responsables des admissions dans les écoles sont avisés de ne surtout pas interpréter ces résultats de façon trop rigide : beaucoup d'autres facteurs entrent en jeu et, en tête de liste, figure l'enthousiasme.

Denis Potvin, superstar de hockey qui, quatre années de suite, fit gagner à son équipe la prestigieuse Stanley Cup en ligue nationale, en connaît un rayon sur l'enthousiasme : « Lorsque j'allais au camp d'entraînement, j'avais besoin de me sentir émotionnellement galvanisé par le hockey. Je ne suivais pas la même méthode que ceux qui pensaient devoir patiner tout l'été : je n'avais aucune envie de le faire. Alors, quand j'arrivais au camp, je n'étais pas en aussi bonne forme physique que beaucoup d'autres joueurs. Il me fallait donc m'entraîner encore plus, mais l'avantage que j'avais, c'était le grand plaisir que j'éprouvais à jouer de nouveau. Et, en septembre, au bout de quinze années de carrière comme hockeyeur professionnel, je me sentais à nouveau comme un gamin ! »

On ne peut pas bien simuler l'enthousiasme. Mais

l'enthousiasme peut être crée, nourri et utilisé. Dale Carnegie explique ainsi le processus : « Le moyen d'acquérir de l'enthousiasme, c'est de croire en vous, en ce que vous faites, et de vouloir accomplir une action précise. L'enthousiasme suivra comme le jour suit la nuit. Mais par où commencer ? Cherchez d'abord ce que vous aimez dans ce que vous faites. Et à chaque fois que vous pensez à ce que vous n'aimez pas, repassez rapidement à ce que vous aimez. Agissez ensuite avec enthousiasme. Parlez à quelqu'un de votre idée. Dites pourquoi elle vous intéresse. Et même si vous deviez faire "comme si" vous vous intéressiez à votre tâche, ce début d'action tendrait déjà à transformer votre intérêt en réalité. Il tendrait aussi à diminuer votre fatigue, votre stress et vos soucis. »

L'enthousiasme est plus facile à trouver quand vous visez de véritables objectifs, quand vous caressez des projets que vous voulez vraiment réaliser. Fixez-vous donc des objectifs stimulants et l'enthousiasme grandira en vous.

Levez-vous le matin et prenez une minute pour penser à une perspective agréable de la journée. Rien de forcément extraordinaire. Peut-être une partie de votre travail que vous appréciez, un collègue que vous rencontrerez au déjeuner ou une sortie en famille, un pot avec des amis, une heure de squash, d'aérobic ou de musique. Quel que soit cet événement agréable, l'important c'est que la vie ne vous semble ni terne ni dépourvue d'intérêt. Nous avons tous besoin de buts et d'espoirs. C'est ce qui nous donne le désir d'agir dans la vie. En y réfléchissant quelques instants, on peut se bâtir une toute nouvelle façon de voir la vie, sortir des ornières dans lesquelles on s'est englué. En d'autres termes, on peut facilement vivre avec enthousiasme. Les résultats sont alors souvent vraiment remarquables.

« Les entreprises modernes ont besoin, plus que jamais, d'un leadership enthousiaste, croit André

Navarro, président de Sonda au Chili. C'est d'ailleurs presque une définition du leadership : la capacité de transmettre l'enthousiasme à d'autres pour atteindre un objectif commun. Si vous voulez qu'une équipe ait de l'enthousiasme, aujourd'hui ou demain, et se sente motivée pour travailler sur un projet, il serait stupide d'écrire une note : "A partir de demain, tout le monde fera preuve d'enthousiasme !" Il faut que vous en ayez vous-même... »

Si vous n'avez pas d'enthousiasme, il est impossible que vous en transmettiez aux autres, déclare Navarro. Si donc vous désirez changer l'ambiance, vous devez d'abord vous changer vous-même. Si vous n'opérez pas d'abord un changement en vous-même, vous ne pourrez même pas opérer de changement chez vos enfants.

L'enthousiasme se transmet par le regard, l'attitude physique, la façon d'agir toute la journée, plus que par la façon dont vous dissertez. Je pense vraiment que chacun d'entre nous peut éprouver de l'enthousiasme. Si vous ne ressentez aucun enthousiasme, c'est mortel ! Lorsque vous découvrez que vous agissez avec enthousiasme, il vous est facile d'étendre cette capacité à la poursuite de n'importe quel but.

En réalité, avoir de l'enthousiasme assure presque toujours le succès. Cela paraît difficile à croire, mais se vérifie dans la réalité.

Simplement en le voyant passer la porte de son bureau, vous pouvez dire que l'ancien président de la Lever Brothers Company, David Webb, déborde d'enthousiasme. Chez lui, pas d'exclamation ni de jovialité forcée. Mais l'on sent une ardeur joyeuse, positive dans sa démarche, son port de tête et la passion dans ses yeux. Cela paraît simple, mais cette attitude contient plus de force que la plupart d'entre nous ne l'imaginent. L'impression que les autres ont

de vous n'arrive pas par hasard. Webb déclare :
« Vous êtes toujours jugé, dans un ascenseur ou
ailleurs. Vous exprimez vos valeurs, quelles qu'elles
soient, vingt-quatre heures par jour. Ceux qui vous
voient ont bonne mémoire. J'ai appris cela de la part
d'un homme qui devint le président d'Unilever, Sir
David Orr. Je l'ai remplacé en Inde, où il était directeur du marketing. Il connaissait tout le monde et
allait partout. Nous avons, là-bas, un énorme réseau
de distributeurs. Chaque fois que nous leur rendons
visite, ils nous mettent un collier de fleurs autour du
cou ! J'ai fait le tour de l'Inde sans pouvoir trouver
de distributeur chez qui David Orr n'était pas allé et
où aucune photo de lui n'était accrochée au mur. Il
connaissait tous les vendeurs du pays. » C'était son
enthousiasme qu'ils avaient tous gardé en mémoire.

Webb n'oublia pas ce modèle quand il devint directeur général de Lever Brothers : « J'ai rencontré tous
les vendeurs de cette société, environ sept cent cinquante, dans les trois mois qui ont suivi ma nomination. Ils me connaissent et peuvent échanger avec
moi. Parfois, je plaisante avec eux en montrant que
j'ai plaisir à me trouver en leur compagnie. J'aime les
vendeurs et le personnel des usines. En fait, il n'y a
personne que je n'aime pas. »

Thomas Doherty était un dirigeant de la Norstar
Bank, quand cette institution financière régionale fut
absorbée par le Fleet Financial Group. Doherty resta
en poste, s'occupant des affaires du groupe pour la
ville de New York. Naturellement, la plupart de ses
collègues étaient très anxieux quant au changement
de propriétaire. « C'est bien naturel, dit Doherty. Les
clients, la famille et les amis demandent : "Que pensez-vous de cette absorption ?" Si vous vous montrez
enthousiaste, alors ils seront enthousiastes. Je pense
que l'attitude positive et l'enthousiasme sont recher-
chés. Si vous arrivez au bureau la mine triste, cela
se voit immédiatement. Mais si vous montez dans

l'ascenseur en disant bonjour à chacun, comme auparavant, certains le remarquent et disent : "C'est un enthousiaste, pourquoi ne pas lui donner sa chance ?"»

Cela suppose évidemment que vous appréciiez certains aspects de votre travail et, pour être objectif, un peu de réflexion est nécessaire. Certains éléments sont attrayants dans la plupart des emplois, mais n'oublions pas une dure réalité : certains postes sont vraiment pénibles ou inadaptés à votre tempérament, vos compétences ou vos objectifs. Si c'est votre cas, agissez. Vous n'atteindrez jamais une véritable réussite si vous ne pouvez pas vous passionner pour votre vie professionnelle ou personnelle. Beaucoup ont changé plusieurs fois de situation avant de trouver celle qui leur convenait vraiment. Il serait déplorable d'être mal à l'aise dans un emploi, sans rien faire pour l'améliorer ou pour en trouver un autre.

Si vous vous ennuyez dans la vie, ceux qui sont autour de vous se lasseront également. Si vous êtes sarcastique et agressif, ils le seront aussi. Si vous êtes tiède, ils le seront.

Alors, soyez enthousiaste. Constatez-en l'impact sur ceux qui vous entourent. Ils deviendront plus efficaces et plus désireux de vous suivre. Les passions sont, rappelez-vous, plus puissantes que les idées. Et l'enthousiasme véritable est contagieux.

▶ 16 ◀

**Ne sous-estimez jamais
la puissance de l'enthousiasme.**

CONCLUSION

PASSEZ À L'ACTION !

Les relations humaines sont probablement le problème le plus important à résoudre, particulièrement dans les affaires. Mais c'est aussi vrai pour une maîtresse de maison, un architecte ou un ingénieur. Des recherches menées par la Fondation Carnegie pour le progrès de la formation ont mis au jour un fait particulièrement important et significatif, confirmé plus tard par des études supplémentaires du Carnegie Institute of Technology. Ces recherches ont révélé que, même dans les professions purement techniques comme l'ingénierie, la réussite est due pour environ 15 % aux compétences techniques et pour 85 % aux compétences humaines, à la personnalité et aux qualités de leader.

DALE CARNEGIE

Regardez par la fenêtre et voyez les nombreux changements intervenus rien qu'au cours des dernières années. L'euphorie de l'après-guerre est loin. La concurrence est planétaire. Les clients sont plus exigeants. La qualité est un impératif. De toutes nouvelles industries sont nées, d'autres se sont adaptées. Certaines se sont momifiées, ont disparu. Les deux superpuissances militaires sont déjà de l'histoire ancienne. Le bloc de l'Est s'est désintégré. L'Europe continue à s'unifier. Le tiers-monde s'efforce d'entrer sur la scène économique. Le confort du capitalisme moderne a diminué et, avec lui, la stabilité sur laquelle comptaient des générations de cadres.

Dale Carnegie avait-il prévu ces changements ? Certainement pas. Personne n'aurait pu imaginer un monde aussi changeant. Mais ce qu'il fit est encore plus important. Il laissa derrière lui une série de principes de relations humaines qui sont toujours d'actualité. Etant donné la tournure des événements, ils sont même incomparablement adaptés à notre monde actuel, fait de tensions, de changements rapides et d'incertitudes.

Voyez les choses du point de vue de l'autre.
Accordez considération véritable et félicitations.
Mobilisez la puissance prodigieuse de l'enthousiasme.
Respectez la dignité des autres.
Ne soyez pas trop critique.
Donnez aux autres une belle réputation à mériter.
Gardez le sens de l'humour et l'équilibre dans votre vie.

Trois générations d'étudiants et de personnes du monde des affaires et de l'industrie ont bénéficié de cette sagesse essentielle. D'autres en profitent aujourd'hui. La pérennité des principes de Carnegie ne devrait pas surprendre. Ils ne furent jamais étudiés pour les circonstances d'une période en particulier, circonstances qui changeront de plus en plus. Carnegie a pris le temps et la peine de vraiment tester ses principes. Au fil des années, les modes vont et viennent. La Bourse monte et baisse, la technologie s'accélère, les partis politiques gagnent et perdent. Et le balancier économique rythme les temps de richesse et de pénurie...

Les observations de Dale Carnegie restent solides et ne demandent qu'à être appliquées tous les jours. Elles sont fondées sur la réalité de la nature humaine, de sorte que leur vérité essentielle n'a jamais faibli. Elles donnaient des résultats tant que le monde progressait lentement. Dans notre ère si changeante, les résultats sont tout aussi éloquents. Mais le besoin de ces enseignements Carnegie — et le besoin de tout enseignement efficace — est plus grand que jamais.

Alors, appliquez ces techniques fondamentales. Faites-en une partie intégrante de votre vie quotidienne. Utilisez-les avec vos amis, votre famille et votre entourage professionnel, et constatez la différence. Les principes de Carnegie n'exigent pas un doctorat en psychologie humaine, ni des années de réflexion. Ils demandent simplement une réelle mise en pratique, de l'énergie, ainsi que le désir de mieux vivre dans ce monde.

« Les principes que nous avons indiqués ne sont pas des théories, déclare Dale Carnegie à propos des principes qu'il a passé sa vie à enseigner à des millions de personnes. Ils agissent comme par magie. Aussi incroyable que cela paraisse, j'ai vu l'application de ces principes littéralement révolutionner la vie d'un grand nombre de personnes. »

Prenez à cœur ces paroles, vous trouverez le leader en vous.

REMERCIEMENTS

Un livre comme celui-ci ne peut être l'œuvre d'une ou deux personnes travaillant seules. Cet ouvrage a été considérablement amélioré par l'aide généreuse de nombreuses personnes de talent, parmi lesquelles J. Oliver Crom, Arnold J. Gitomer, Marc K. Johnston, Kevin M. McGuire, Regina M. Carpenter, Mary Burton, Jeanne M. Narucki, Diane P. McCarthy, Helena Stahl, Willi Zander, Jean-Louis Van Dorne, Frederic W. Hills, Marcella Berger, Laureen Connelly et Ellis Henican. A tous nous exprimons notre reconnaissance.

Nous avons également apprécié le soutien constant de tout le réseau des formateurs Dale Carnegie : responsables nationaux et régionaux, animateurs de stages, stagiaires et collaborateurs de notre société.

Enfin, ce livre s'appuie largement sur les expériences vécues de leaders à succès dans différents pays, hommes et femmes de milieux divers, industriels, financiers, enseignants, sportifs, artistiques et gouvernementaux. Tous nous ont généreusement apporté leur temps, leurs souvenirs et leurs réflexions. Une grande part de mérite leur revient et nous les remercions vivement.

LES AUTEURS

Stuart R. Levine était directeur général de Dale Carnegie & Associates, Inc., membre du comité exécutif et du conseil d'administration de la société. Il fut à 25 ans le plus jeune élu à l'assemblée de l'Etat de New York. Il est ancien président du Dowling College et membre du comité exécutif du New York State Governor's Excelsior Award Task Force. Il réside à Brookville, Long Island.

Michael A. Crom est vice-président de Dale Carnegie & Associates, responsable de tous les instituts de la société dans le monde. Il est également membre du conseil d'administration de Dale Carnegie & Associates, Inc. Il vit à New York.

Table des matières

Informations internationales sur les
Formations **Dale Carnegie Training**®.
Prendre contact avec le siège
pour 73 pays :
Dale Carnegie & Associates, Inc.
290 Motor Parkway
Hauppauge, N. Y. 11788
U.S.A.
www.dalecarnegie.com

Composition réalisée par JOUVE

Achevé d'imprimer en mars 2009 en Espagne par
LITOGRAFIA ROSÉS S.A.
Gava (08850)
Dépôt légal 1ère publication : octobre 1995
Édition 11 - mars 2009
LIBRAIRIE GENÉRALE FRANÇAISE – 31, rue de Fleurus – 75278 Paris cedex 06